如果生活给你一重拳，

先别急着焦虑；

也许拳头打开，

是满手的糖果呢？

内在成长

［美］塔玛·琼斯基 著　吴书榆 译
（Tamar E. Chansky）

心智成熟的四个思维习惯

北京联合出版公司
Beijing United Publishing Co.,Ltd.

图书在版编目（CIP）数据

内在成长：心智成熟的四个思维习惯 / (美) 塔玛·琼斯基著；吴书榆译. — 北京：北京联合出版公司, 2018.12（2019.4重印）
ISBN 978-7-5502-9359-5

Ⅰ.①内… Ⅱ.①塔… ②吴… Ⅲ.①心理学－通俗读物 Ⅳ.①B84-49

中国版本图书馆CIP数据核字（2018）第252963号

著作权合同登记号：01-2018-7281

Original english title: FREEING YOURSELF FROM ANXIETY: 4 Simple Steps to Overcome Worry and Create the Life You Want.

内在成长：心智成熟的四个思维习惯

著　　者：(美) 塔玛·琼斯基
译　　者：吴书榆
总 发 行：北京时代华语国际传媒股份有限公司
责任编辑：牛炜征
封面设计：仙　境
版式设计：胡玉冰
责任校对：许　罡

北京联合出版公司出版
（北京市西城区德外大街83号楼9层　100088）
北京富达印务有限公司印刷　新华书店经销
字数197千字　880毫米×1230毫米　1/32　8.5印张
2018年12月第1版　2019年4月第3次印刷
ISBN：978-7-5502-9359-5
定价：45.00元

前 言

你的故事仍要继续往下讲，而你能让它更美好

聪明睿智的艺术，就是了解该忽略什么的艺术。

——威廉・詹姆斯（Willam James）

贾斯汀的工作让他夜不成眠。虽然工作很顺利，但是他就是没办法把轰轰作响的脑袋关掉。把事情做完也无法让他松一口气，因为总是还有下一件事、下一个崭新的一天，以及他担心要拼老命才能抵挡的下一场灾难。

露西亚的胃总是纠结在一起，完全无法放松。她为孩子忧虑，即使他们早就长大了。现在，有了孙子孙女，她的担忧比以前有过之而无不及，因为总是有什么事让人烦躁：他们会不会被欺负？他们会不会受伤？他们在学校是否一切都顺利？

嘉比正在做化疗。医生说她愈后状况很好，但嘉比一想到自己的癌症，就忍不住忧心忡忡。她知道焦虑对健康不好，但她就是觉得自己应付不了。

曼尼很希望能找到约会对象，但每次他想尽办法和女性攀谈时，他就觉得不管怎么做都不对。曼尼觉得自己笨手笨脚，不禁开始怀疑这个世界上还会不会有人对他感兴趣？

…………

不管人生是否真的艰辛，我们总是习惯于用那颗焦虑的心来

给自己的生活编故事。就算是日复一日的寻常工作，都可能让人觉得危险重重，甚至痛苦磨人。一点点显示威胁的蛛丝马迹，都可以营造出让人胆寒的气氛，使你疲惫不堪。你需要在生理和心理上不断地急转弯，要时时做好准备，仿佛你所担心的那些故事真的上演了。

为什么会这样呢?

身为一位负面情绪治疗方面的心理学家，我沉浸在负面情绪的世界里已超过二十载。我大部分的工作时间都花在了近距离聆听几千万患者的经验上。这些人勇敢地接受治疗，只为了一个简单的目标：他们想在人生中有点作为，但恐惧却一直挡着他们的去路。

年幼的患者希望敢于搭公交车、睡一晚好觉，或是在课堂上敢举起手；也有成年病人希望能出去约个会、结束一段关系、要求加薪，或者只是过一过轻松生活，不要一整天被宛如电子脚镣的恐惧拉出正轨……他们身上无一例外都有着一种特质：有一股想要茁壮成长的本能。

这当然是好事。关键是，你想要为自己多争取一些，你不希望一直坐人生的冷板凳，却又不知道新的改变会带给你怎样的结果。要知道，一脚踏入这一潭不知是冷是热的水中，本来就是产生焦虑的根源。不安和焦虑会随时等在那里，向你证明你解脱的机会微乎其微。这样的保护机制会让你一直无法走上正道，把你的注意力从你需要聚焦的地方移开，从而迫使你努力与最糟糕的情境搏斗。

每个人忧虑的剧本都有相似的情节，而且结局都不太好：如果事情出错了怎么办?如果我搞砸了怎么办?如果我让自己看起来像个笨蛋怎么办?这个世界会因此而抛弃我吗？我会一直这样不安吗？未来我该怎样活下去？……

这些想法盖过了你的注意力，威胁到你的安全感，让你陷入慌乱，还阻碍了你完成重要任务的计划。现实中的你其实正在挣脱束缚，你却觉得自己正从悬崖上往下掉。或者，如果你逼着自己克服恐惧，通常你要为此付出惨重代价——步履蹒跚而颤抖，心智疯狂而混乱，觉得自己这股神经质的力量足以撼动一个小城镇。还好，没有人知道这些事。对身边的人来说，你看起来像是顺着人生的表象慢慢改变，但你知道，你的内在像疯了似的翻腾，而这个不为人知的秘密又进一步加重了你的压力。忧虑让你害怕，打乱你的思考，让你去担心一大堆没有帮助或没有必要的事物，而这些事物却因此有了自己的生命。你该怎么办？

亲爱的读者们，请不要觉得你必须逃开生命中无法避免的障碍，你可以善用本书调整自己，直接迎战。在这里，你会找到一些简单的日常小练习。只需每天花上一点点的时间，你要付出的代价，绝对远比被焦虑或负面情绪拖着跑要少得多。

当你运用本书中的策略时，你会发现，曲折绕路是暂时的，而且你也能更快速恢复。只要你经常接纳一些小小改变，很快你就会发现，这些新的路线变成了你的第二天性，就像过去的担忧一样自然。所以，不管你已经深陷不安，或只是偶尔失足，都请以你本来的样子来阅读本书。如此，你必能找出必要的技能，创造出你想要过的美好生活。请记住，世界永远无法抛弃你，只要你还未丢失真正的自己。

目 录

第一篇

深度思考，了解本质

顺着你的直觉或感受通常都是好主意，但当你焦虑时，这是错误的方法。你必须去做违反直觉的事。这是因为焦虑是矛盾的。你越试着去捍卫自己，你就越害怕。

——艾伦·T. 贝克及加里·埃默里

《焦虑症和恐惧症》(*Anxiety Disorders Phobias*)

当你沮丧难过时，你善意的朋友或至爱的人通常最先说的话是什么？“别担心。”要是有这么简单就好了。当大灾大难的景象掠过你的心头，你没办法起身把灯关掉，上床，并且想着，“嗯，这事可以等到明天再说”。反之，你可能会牵肠挂肚，担心自己就因为担心而出什么错；想着如果你更能干一点的话，你就不用担心这件事，以及你待办清单上的其他二十件事。忧虑不费吹灰之力就可以使你失控，取代你的信心和理性。

在前几章中，你将会学到你的心智如何运作，你的大脑为何会让你因为某些事而变得激动生气，以及你要如何控制大脑，要它仅警告你真正要紧的事就好。在第二章中，我们要了解虽然人类的大脑本来就预设成侦测时要先注意危险、后看安全，但重要的是，你可以设法去缩短这两者之间的距离。因此，一如人的直觉本来就是会去担忧一样，你在本书中也会学到另一种直觉，这是一种你或许不知道自己也能拥有的直觉。这种直觉让你抑制自己，免于不必要的担忧。这种直觉，是你可以通过阅读本书加以强化的直觉。

担忧让你冲进不确定里。不管你想的是“不知道我的孩子今天在学校好不好，不知道我妈妈的手术是否顺利”，或是“不知道我的老板会不会喜欢我的提案”，不确定都是人生的一部分。但如果用焦虑的说法来说故事，不确定永远都会让事情出错。我们在面对生活中大部分的事物时，抱持的态度都是所谓“经过计算的不确定性”。这就是说，我们并非完全不知道会发生什么事，我们只是不知道实际上到底真的会发生什么事。担忧诱惑我们，因为我们不喜欢晴天霹雳，我们害怕没有预测到任何可能会发生的大灾大难。全力抗拒，不要让自己被忧虑绑缚，这是一种修炼。而在第二章中，我们会学到如何把认知上的风险缩小到适当的规模，让我们做好更充分妥善的准备，以便面对的真实情境。

正面思考，是我们在焦虑时可能会去尝试的另一种标准疗法。在第三章中，我们会看到，虽然正面的经历非常值得珍惜，但正向并非忧虑的排解出口，强迫自己往这个方向走，很可能会产生反作用。困在负面思考中时，我们会觉得没有选择，因此，要脱离这样的局面，我们需要的是，有人提醒我们还有哪些选项可供选择。与其告诉自己“正面思考”，不如提醒自己“思考所有的可能性”。

1．摆脱过度猜想

人类天生会为了应付过去老祖宗遭遇的危机而做准备，这些准备可能让我们陷入麻烦，因为这会害我们对于在现代世界里特别危险的事物生出恐惧感。

——约瑟夫·李窦《脑中有情——奥妙的理性与感性》

你做好准备，要推销一个真人实境电视节目的新提案，你满腔热血且信心满满地走进团队会议室。演讲进行几分钟之后，一位高级主管接听了手机并回复短信，另一位则对着邻座的人窃窃私语。忽然之间，你慌了，感受到一股极严重的焦虑。你忍不住要想：他们觉得很无聊，他们讨厌这个提案，他们讨厌我，如果我搞砸这件事那该怎么办？我为了这个案子已经花了好几个月的时间了，但现在却……我甚至不记得接下来该说什么了。我真的搞砸了。

不要让你的大脑主导你的人生

在面对日常生活的种种时，我们都会遭遇障碍。有些障碍微不足道，像是遭人斥责或是对方不经意说出不中听的话语；有些比较严重，像是生病了或是面临裁员威胁。这些事件本身并非无法克服。事实上，你可以快速从小挫折中恢复，几乎不会把它们放在心上，但大麻烦通常会演变成隐性的成长绊脚石。然而，当时你对这些事件的感受必然不是这样。一个眨眼，一点点显示威胁、拒绝或失望的蛛丝马迹，都会让我们进入高速预览的模式，预见将会发生一连串无法阻止的大灾难。在我们需要有条有理去思考的时候，为何人类的内在设定却是让我们绕着担忧团团转？

理由如下：当你感觉到自己因为备感苦恼的情境出现反应时，这条反应神经在大脑中连接的另一端被称为杏仁核，这里是大脑的情绪反应中心。杏仁核是二十四小时全天无休的监视系统，密切监督你的安危，并掌管大脑中超过千亿个神经元及其他功能。早期人类必须和生存的威胁共存，比方说鬼祟饥饿的美洲豹和阴险狡诈的毒蛇，焦虑的大脑宁可杀错，也不可放过。即便是最轻微的风吹草动，我们也会逃得远远的。

然而现在，对于生活在水泥丛林里的我们来说，这样的机制又能帮上什么忙？如今潜伏在我们四周的危险，可能是某个人会在车阵里挡住你的路，大学可能不接收你的孩子，你的邻居没有把他家的狗好好拴在围篱里，或者是你在某个团体的颁奖典礼上致谢词时呛到了。

对于杏仁核来说，这些并非决定是好是坏的关键时刻，而是决定是死是活的存亡瞬间。一旦你安全回到你的洞穴（或是两房的公寓）里，你才有余裕去弄清楚事实，才可以去检视究竟是真的有一尾毒蛇朝你蹿过来，还是只是一根你不小心踢到的无害小树枝。杏仁核不冒险也不区分真实与想象的威胁，一旦杏仁核出来主导全局，你的整个身体就只能听命行事。

杏仁核决定你要把注意力放在哪里，就算只是最细微的危险信号，它也会立刻动员你的身体，为了保全生命，或战或逃。你拥有的每一份精力，马上都会来捍卫你的生存。这样一来，你就没有什么力气去做一点理性的事，比方说贴近检视情境，评估究竟真的出现了威胁，还是只是暂时的尴尬不安时刻。这条一体适用的“灾难救援专线”，无法分辨打进来的电话要通报的是小型、中型还是大型的危难。警告内容永远都一样：开战，不然就快逃。立意良善，但保护过度，这就是大脑会毁了我们人生的缘由，或者更明确来说，是拜杏仁核所赐。我们过日子的方式，仰仗的是神经心理学家大卫·林登（David J.Linden）所谓的“过时的零件”。

你的杏仁核在恪尽职责时，确实会妨碍你做出在特定情境下可以发挥作用的明智之举，比方说忽略会议中无礼的同事，或是在手机没信号时说个笑话。它把你拖出你的理性之外，把你丢进一个你随时会爆发、哭泣、逃跑或者鬼打墙转不出来的地方，孤立无援。当你从激发肾上腺素以因应可能性、暗示或怀疑的影子中逐渐恢复过来，杏仁核就功成身退。了解大脑会犯下哪些错误，是学习如何拿回人生主控权的开端。

有些人天生就比较敏感，比较容易出现焦虑反应。这当中不是某个特定基因造成的，而是决定我们的生化特性、记忆力以及大脑不同部分反应门槛的各种基因交互作用后的结果。有些人可以经受压力极大的事件或压力极大的情境，这类状况通常都会导致紧急反应一直处在“开启”的状态。不管你是习惯性抱有这些想法，或者只是在应付日常压力时才会出现这类念头，你都可以重新导演这些原始生存导向的想法，不要为了小事情衍生出来的大威胁想法而乱了阵脚。

你可以比保护过度的大脑更聪明。石器时代人类的防御系统，即便用意良善，但在现代已经变成麻烦制造机。你必须了解，杏仁核是预设的导航器，你要全力抗拒冲动的倾向，不要每一次听到假警报都跳起来，也不要为了假想的厄运或绝望预作演练。要夺回人生的主导权，关键是让你的理性之声坐上驾驶座。

这就是大脑皮层可以使得上力的地方，是大脑中“近距离观察”的部分。大脑皮层已经做好万全的准备，帮助我们从假警报中找出真正的危机，做出适当的决策，不要被保护过度的大脑吓到。不论你是在工作还是在看电视，大脑皮层都会找出事实，加以分析、整合，针对情境做出仔细的评估，并做出适当的响应。如果你可以快速认知到杏仁核的干扰是不必要的绕道，会带你远离你身处的稳健轨道，你就可以缩短浪费在焦虑与担忧上的时间。这让你可以聚焦在重要的事物上，并回到人生的正轨。这是一个问题，却是一个你可以克服的问题。

重新设定内在的定位系统

几年前，我们开车经过意大利乡间，当时我们的意大利语能力仅限于“gelato”（冰激凌），我和我先生因此使用了全球定位。有一天，我们试着找路要前往宁静小镇阿瑞萨时，我们转错了弯。我们的语音全球定位系统叫妮可，非常留心我们走了哪一条路，马上就提醒我们，不断催促着：“请尽快转弯，请尽快转弯。”我先生坚持他能找到路，把妮可的插头拔掉了。

我们本来应该有一趟看遍托斯卡尼宁静风光的三十分钟短途旅行，结果变成腰酸背痛两小时的绕路之旅。开在山路上，一路都是让人吐得稀里哗啦的转弯。我们的小女儿，每分钟都在报告她最新的晕车痛苦程度。虽然我们最后也到了目的地，但是疲惫、饥饿及挫折感，让我们只想回家。

在意大利乡间迷路并非真正让人难受之事，但同事的一个会导致误会但无害的动作（比方说翻白眼），可能会让你认为她讨厌你，她一定会在背后捅你一刀，破坏你的案子，你忽然之间就会发现自己深涉险境。你参加午餐会时带进来的满怀信心，现在全被丢到九霄云外了。你失去方向，你丧失了本来深深了解自己的那股智慧。在这种情况下开商务会议，真是糟糕。

如果你在心理上不用迂回转折这么远，不用想尽方法去证明你的恐惧可能成真，而是去体认你的解读就像转错了弯一样，那又如何？相比脱离轨道，你可以让自己重新坐回人生的驾驶座，召唤你内在的导航系统，做出选择、尽快转弯。你可以判定，一场经历灾难的小旅行不值得你投入时间和注意力。当你明白，就算忧虑坐上主导地位，也不代表它就知道该往哪里去时，你就能够去做判断。事实上，焦虑根本是在挡你的路。

试试这个

选择你内在导航系统的声音。这可以是你认识的人，比方说你信任的朋友或顾问，也可以是你不认识的人，比方说名人或是电影人物，甚或小说里的角色。你想象，此人冷静地或俏皮地告诉你，你可以“尽快转弯”，提醒你走回本来的路没有关系，不要因为情绪上转错了弯而绕更大一圈。写成标语，贴在你的工作台或书桌上。你越能清楚记住转弯是选择，而且是好选择，就能越快从中受益。

心智的由上而下组织法：想法导引感觉，感觉导引行动

认知行为疗法的基本前提，是你在某个情境中的想法将会决

定你有什么感觉、会做出哪些行为。当你认知到威胁时，大脑会发出信息给身体，要利用逃跑或躲避的方法来因应威胁。事情出错（我先生晚归了，如果他出了车祸怎么办？如果他受重伤没办法打电话给我怎么办？）的感觉非常真实，那是因为一旦你想到这里，你的身体马上就出现了疯狂的反应。

我们会认为，因为我们害怕，而且非常害怕，这就代表了危险确实存在。你看到自己的行为举止出现神经质的反应，这加深了坏事将要发生的感觉，因此，你开始表现得仿佛事情已迫在眉睫。当你转往第二想法（对情境的准确评估）时，这些想法则会送出不同的信号给你："不太可能发生这种事。他常常晚归，我只是被这个想法吓到了。"大脑常在忧虑的轨道上启动，但你可以决定是要留在轨道上，还是要回到你的理性之路上。

检视下大脑列车，从同一个车站可以走向两种不同的方向，这完全取决于你对于整个情境有何想法。当你面对新工作时，情境之一是旅行前一晚辗转反侧，另一种则是莫名兴奋，充满信心。这当中哪些因素有所改变？不是工作本身，而是想法。养成以双轨心智来思考的习惯，将可帮助你转入更实际的轨道。

就像保护过度的家长心中怀抱的总是最善良的意图，焦虑和负面思考同样也是好意太过。因为焦虑，大脑会宁可杀错也不愿放过，让你害怕对你来说根本不是真正的危险。因为负面思考，大脑会设法保护你，让你不要感觉自己是窝囊废，费尽心力警告你，宁可让你逃避，也不要害你失败。但如果你不是真的身处险境，你不会彻底大败，这种态度就变成问题了。

大脑觉得很可能发生的事，概率不过微乎其微。这些小到根本不重要的可能性，现在却变成焦点。现在你心理备战的目标，是比身处的实际情况更糟糕的假想状况。你必须防范正常的恐惧和怀疑演变成带你在情绪上大绕远路的焦虑。到最后，当你回到正轨，躲开了你想象中的危险，会发现这些花在杞人忧天上的时间没有为你带来任何好处，而且你可能会错过真正重要的事物。

来看看珊卓的例子。她是一位非常有能力、勤奋且才华横溢的员工，在医疗保健产业工作。她的主管希望所有的员工都像珊卓一样好，但珊卓每天都很担心要去上班，因为她怕会做错事、让别人失望或忘了什么事，她也因此吃不下、睡不着。我和珊卓谈到，她的大脑不断对着错误的人提出警告，这些警告应该送给其他真正应该要担心自己饭碗的人，但不是她。当我问到珊卓她需不需要这些警报每日每夜提醒她要多加油，这些警报会不会太过夸张了，她说："这些念头简直把我逼疯了。我压力大到不得了，根本没有办法思考。"如果珊卓了解这些警报是自动发出，而且和她的真实生活并不一致，她就可以削弱它们的权威，更能乐在自己的工作当中。当如电击一般让人疼痛的恐慌出现时，她会将这当成电路短路，不让它主导生活。

或许是因为天性、人生经历或是目前的环境，有些人比较容易把自己所处的情境归入有危险的类别中，但每一个人都有能力扭转这样的想法。当大脑送出错误信息时我们要能辨识，知道虽然人类天生的设定都是为了满足生存的目标，但有些设定太过头了，反馈给我们的是错误的信息，而且会造成问题。

毕竟，你并没被全身毛茸茸的长毛象攻击。你的主管真的会在你的档案里记上这一笔吗？或者，这只是你认为他可能会、或许会，但实际上他并不会真的这么做？你花时间来应付这些干扰，把它们当成需要你用全部注意力来应对的生死存亡紧要关头，就是在浪费时间。你要明白系统的缺陷所在。把你因应原始生活的工具收起来，把自己转个方向，把你的心情转个方向，在你那个保护过度的大脑介入之前，赶快回到正轨上。

试试这个

要了解大脑列车的概念，请先从一个和你无关的起点出发。想一想你的朋友或配偶担心但你不怕的事。是滑雪吗？还是在高速公路上开车？怕狗？把对方的想法、感觉和行动写下来，放在担忧之道上。接下来，把你所知的信息写在冷静之道上。现在请看一看，同样的情境如何会导引出两种截然不同的结果，而且这完全取决于你对自己说了什么故事。

现在，写下一个让你非常焦虑的情境。是你正在筹办的派对吗？你为了取得律师执照必须要参加的考试？还是你必须要修理的屋顶？先从你的担忧之道开始，把所有的方块都填满。针对这件事情，你有哪些担忧的想法？这些想法如何影响你内心的感受？你因此想要采取的行动是什么？是反抗还是逃跑？

你一定要先从担忧之道开始，因为这是你心里想到的第一件事。现在，问问自己，如果平静下来，你对于同样情境有何想法。如果你确实尝试写下“正确”的答案，而不是最极端或最让人沮丧的答案，你的答案会是什么？下一次当你感到焦虑时，请提醒自己现在所处的是哪一条轨道，并在另一条轨道上排演你的故事。很有可能，在担忧发出警示信号之前，你已经抵达你真正想到的终点。

避免绕大弯

为能有效留在你的正轨上，你必须要熟悉这些干扰的性质。就是这些干扰让你痛苦万分，不管是在光天化日之下，还是夜深人静之时。我们都知道，当我们想都不想就走上第一条路时，第一条路的思考模式一定会让我们觉得很难受。但我们不知道的是，这些想法并不配得到它们展现出来的那种权威力量。这些想法最初被装入你的脑袋，是为了保护你免遭危机，这是一种情绪上的本能反应。（有了这么敏感的朋友，谁还需要夜间新闻呢？）你要知道，掉过头去、跳过怀疑和绝望的深渊，这样做绝对不会造成危险。

那么，你已经学到如何重新解读保护过度的大脑在回应不确定时所发出的原始、错误警示，也学会如何去安抚这些念头了。但面对其他的合理恐惧与怀疑时，你要怎么办？你可能不会因此而发狂，但这些情境仍让人难受。现在，真正的工作要开始了。

试试这个

趴下，小狗，趴下

你还可以通过另一种方法来了解担忧，那就是把它看成正在吠叫的狗。有些狗会对着任何移动的物体狂吠，有些全无危险性，比方说快递员，有些则不那么安全，比方说入侵者。但所有刺激物都获得同等的待遇。就像对着所有“可能”会变成威胁的事物狂吠的狗儿一样，杏仁核也可能在危险并不存在时发出警报。

下一次，当你展开“如果这样将如何”的马拉松式担忧，或者觉得恐慌程度不断上升时，请把这些想象成狂吠的狗儿。如果没有危险，你可以信心十足地安抚狗儿。如果确实有事让你担忧、值得你去注意，请和你的杏仁核谈一谈。

带着尊重但坚决的态度要它坐下来，稳住；你会和它合作，但前提是它要和你合作。你可以选择，看是要花十五分钟听狗儿狂吠搞得你神经衰弱，还是要安抚你的担忧，从十五分钟的透彻思考当中获益。你越常让自己有选择，你的大脑就越会记住只有在出现真正危险时担忧才“吠叫”。

你自己和其他人

协助彼此转念

我们要如何协助彼此慢下来，看看焦虑是如何把我们拉出正道之外的。当朋友因为焦虑而倍受折磨，得出极端且仓促轻率的结论时，你可以建议她倒回自己的脚步。问问对方“在你和丈夫为了这件事而争吵之前，你在想什么？你是不是认为你完全受不了他？或者，在你收到信箱里的账单之前，你是不是在想，你的财务状况非常窘迫？”就像她脑子里那些可怕的话语一样，以下这些话也可以改变一切；你可以帮助她安定下来，问问她：“现实中有哪些事情真的改变了？有哪些东西没变？”帮助她看清楚焦虑并没有改变事件，只是改变我们的感觉而已。

2. 让思维停留在当下正在发生的事情上

我的人生是一系列的悲剧作品，但没有一出真实上演。

——马克 · 吐温

最糟糕情境只是第一情境而已

参观巴尔的摩水族馆时，我偷听到一个母亲和她女儿的对话。妈妈兴奋地对女儿说，等一下能看到一条真正的鲨鱼！就在此时，小女孩的眼泪夺眶而出。她已经大到懂得鲨鱼很危险，但还没大到能理解她可以从水族箱外安全地观赏鲨鱼。“高度危险+低度保护=恐慌”这道方程式，正在她幼小的心灵里准确地开始运作。

因为想象的添油加醋，再加上没有足够的事实，我们是否老是出现像这个小女孩一样的反应？当未知逼近时，我们常常都会想象自己身在关有鲨鱼的水族箱里。听到朋友心脏病发、家里发生火灾、电视新闻里出现的悲剧等，我们都会陷入担忧。其中有一部分是我们不得不陷入这种反应状态；这是生存大脑也就是杏仁核的实时运作，它凌驾在我们的充分常识之上。这是心理学家丹尼尔 · 戈尔曼所说的“杏仁核绑架”现象，它让我们在能思考之前就先采取行动。但借由三思，我们可以大幅防范这种现象。

你无法确定这些事到底会不会发生，但某件事或许会发生，并不代表这件事很可能发生。如果你心里能坚定地区别这两者，将能使你更善于因应危险和不确定性。面对不确定性，接下来你要做什么事，完全操之在你。还好，我们是受困于想象的力量之下，而不是受制于鲨鱼。我们可以改变想象，因为这幅画面存在于我们心中。至于鲨鱼，可就没这么简单了。请记住，在日常生活中，我们遇见鲨鱼的机会少之又少。因此，当焦虑来袭时，请提醒自己，工作、关系或是争吵都不是问题，真正的问题是你心中对这些事情的想象阻碍了你的路。这才是你要改变的。

答案不像你想得这么糟糕

引人注意的最糟情境通常跑得很快，最先到达。它们会马上填补不确定性产生的空白之处。我们不一定相信它们，但是躲进这些恐惧里会产生问题，让我们处于不利之地。不论你面临的是像生病这种负面情境，还是像开始从事新职务这类正面机会，如果被拖进最糟糕情境，我们会无法精准评估风险。

事情还没有发生，阻碍你逐梦或让你无法获得所需资源的，是焦虑的想法。若要将未发生而且很可能不会发生之事引起的损害降至最低，要正视你的恐惧或“如果发生这种事会怎么样”，检视问题的核心是否真的需要你去关注。之后，你的眼光要超越恐惧，看到“实际的情况是怎样”，或是去看看你真的相信会发生的故事情节如何。悲剧，就像马克·吐温说的，通常都不会现身。

开启大门，聚焦在正确的事物上

“我每个星期天晚上都非常紧张。”贝塔说，“一想到隔天要回去上班，我的胃就纠结在一起，整个晚上都睡不着。我担心什么？我不知道；我担心工作！我害怕上班吗？我不知道；我什么都怕！我真的非常神经质！”

焦虑管理可以总结为两个词：减少和接近。就像贝塔一样，我们觉得事情让人害怕，是因为我们没有贴近查探这些事情有没有可能是安全的、可控的，因此我们假设必须躲避这些事。与其把对事情的担忧诠释当真，你可以回过头来判定你的恐惧有没有道理，借此把风险降到实际的大小。更贴近解释你认为不可能发生的事，借此驳斥焦虑，转而着重关注新情境或不确定情境的特定方面，这些部分才是真的会因为你费心注意而收到实效。

要做到这一点，你要乐于打开大门，看看外面真实世界的模样。你应打开门，就算你不知道有些答案值不值得你开门出来探索。然而，当你心中的图像更真实时，当你用你的聪明才智而非你的恐惧来想象时，你将能够看出你并非处于险境。事实上，关在水族箱里面的鲨鱼安全无虞，你不用紧紧抱住自己也能够好好观赏；你已经做好准备，看看外面有什么。你会更愿意扩大你的舒适区，去接近你想要了解的情境。或许你会打个电话给你认为正在生你的气的朋友，因为你知道她不会吃了你；或者，你会对主管坦白你犯的错，因为你明白他想要帮你的忙；也或许，你会打个电话给和你相亲的对象。你实际上会损失什么？想一想你可以得到的吧！

从降低风险到愿意接近情境之间，你可能需要一些东西协助你的身体冷静下来。首先，千万不要让未知的恐惧阻碍你去做重要的探索工作，以及评估你已经知道的条件。如果你让大门维持在开启的状态，并且持续检视可能性与事实，很有可能，你找到的信息比你想的更好。在任何情况下，你都必须确定，如果你需要规划、需要找到更多信息或需要解决问题，焦虑不会剥夺你这个机会。

有很多人都经历过绕着焦虑团团转的时刻，但当被迫要去具体找出自己在担心什么时，我们却不知道答案。有时候，我们甚至连想都没想过要去找答案，我们不认为除了焦虑之外还可以用别的方法去响应整个情境。这就是把焦虑的大门关了起来。

试试这个

第一情境

问问自己：我最害怕的事会发生吗？

如果这件事真的发生在我身上，那会怎么样？我要做什么？我会如何处理？

第二情境

问问自己：真正害怕的事会发生吗？

等等！这真的是我要担心的事吗？我需要更多信息。在这种情境下，比较可能出现的情况是什么？

请注意两种情境当中的差异，还有，最重要的是，当你用一件事对比另一件事来思考时，请注意你的感觉有何差异。幸运但不令人意外的是，当我们在想真正的现实到底是怎么一回事时，都会觉得比较冷静而且想得比较透彻。一定要问问自己这两个问题：你得选择要怎么去想。请好好选。

只要打开大门，灯就会点亮

焦虑是紧闭着双眼站在门外所做的报道。当你打开大门，看看里面的实际情况究竟如何时，你的内在理性之音也会自动启动，就好像冰箱里的照明灯一样。

一对一做比较

我们都是好顾客。我们在网络上做研究，不会轻易相信卖方的推销，我们会针对价格和产品一对一做比较。你可以通过同样的客户检验来处理你的焦虑。找出一种让你觉得不安的情境，在纸的一边列出最糟糕的情况，另一边则写出你真正相信会发生的情况。

眼见为凭。

如何管理焦虑：认知、生理反应及采取行动

修正你的认知

和不确定性与危险相反的并非确定性，而是信息。在这一节中，我们要检视焦虑使用哪些特效来放大你的恐惧。一旦你更清楚这些花招背后的作用原理，你就更能清楚识别它们，避免掉进这些诡计的魔咒里。

策略一：从感觉当中挑出事实

我很怕搭飞机，万一坠机怎么办？我不敢去考驾照，如果我失败了怎么办？你越是沮丧，就会越确定你觉得害怕是有道理的。人只要一想到让人悲伤或带来压力的事物，就会觉得沮丧。但别把这样的强烈感觉当成征兆，认定这代表悲剧事件发生的可能性就会大为提高。事实和感觉两者都很重要，但你会希望根据稳定的事实来做决策和评估，而不是变幻莫测的情绪。

如果能找个地方表达这些强烈的情绪，并且看出这些情绪和你自己相信为真的事实截然不同，会很有帮助。不论感觉有多强

烈，都无法改变事实。当你开始根据事实行动时，请注意这些感觉是如何快速地烟消云散的。

策略二：识别暗示的力量

我的办公室里有很高的拱形天花板，每当我在此向患者解释暗示现象时，我都会说："想象一下我担心天花板会掉下来。"此时患者必会抬头往上看。我会指出，在我还没提到天花板之前，根本没有人担心这件事，而且从现在开始的几分钟之后，也不会有人再想到这件事，因为这根本不是一个问题。但是，在评估危机时，如果我们聚焦在极短暂的恐惧上，把这当成代表事件严重程度的指标，我们就会认为非常危险。根据情绪反应计算出来的绝对风险值，难以捉摸也极不可靠。

暗示的力量会暂时操纵你的恐惧，让你对于提及的可怕事物有所反应。比方说，如果有人提到癌症、心脏病发或意外，我们会想象这些事发生在自己身上，甚至连生理方面都出现反应，觉得头晕目眩或是心跳加速。或者，想一想当别人提到他胃不舒服时我们忽然之间也觉得恶心；当有人提到虱子时，我们也觉得头皮上瘙痒难耐。然而，当你学会预期会有这类的暂时反应时，你就不会想太多，也不会太看重。你会明白，这是别人提到可怕事物时你会出现的一种自然反应，就像你在看恐怖片时会觉得害怕一样。如果你把这种现象标记成暗示的力量，恐惧就会更快速地放松它的控制力。

聚焦在真实的图像上

问问自己：

这件事最让我害怕的是哪一个部分？

我到底有多相信真的会发生这种事？

我认为最可能发生的事是什么？

最不可能发生的事是什么？

如果发生这种事，我可以做些什么？

告诉自己：

想法听起来可能很让人害怕，但并不表示这些想法是真的。

我害怕，并且忍不住去想象一些事情，但不会因此增加这些事情发生的可能性。

我觉得有多害怕并非是评估情境中实际风险的准确指标。我焦虑的想法正在操纵着我的感觉。

如果我坚守我相信最可能发生的事，我就能有效地规划要如何应付可能发生的情境。

试试这个

我对于自己会完全搞砸这场演讲这件事紧张到什么程度？

实际上我有多“相信”我会搞砸这场演讲？

我真的相信会发生的是什么事？

你对某件事可能会感受到百分之百的恐惧，但其中只有百分之五的你相信真的会发生这件事。请根据事实建构你的“实用信息”，而不要仰赖感觉。

策略三：把你从经验中累积出来的智慧推到前方来

当你对某个情境担忧不已时，你不要把所有的心力都放在“发生这种事会怎样”上，很快地跳到最后结论。你要问问自己，你认为实际上整件事会如何结束，把这个比较实际的情境剪下来，贴进你的规划与思考当中。让“事情会解决的”这个信念在你最初展开探索时就出现，这样一来，就算你没办法拯救自己逃开担忧的陷阱，至少也可以缩短困住的时间。

策略四：想到坏事并不意味这件事会成真

我们不想去想的事，通常都会自己找到路径切进来。因此，这些想法衍生出来的恐惧会让你饱受折磨，而且你也常常感到害怕，就怕因为自己想到这些事情而不知怎么的一语成谶，导致这些坏事真的发生。心理学家把这种现象称为想法与可能性的混淆（thought-likelihood fusion，简称TLF）。

时间点上的巧合并不构成有意义的连接。倘若有，那你只要每天下了班之后想着家里会有一顿佳肴等着你。瞧！这不就出现了吗？我们必须抽丝剥茧，看清楚，虽然这些事件在我们说过同一句话之后出现，但除了巧合之外，实际上并无其他有意义的关系或力量。

想到这些事情，继而衍生出令人痛苦的情境，当我们在这当中反复思量时，将会感受到非常强烈的情绪。当感觉强烈到让人信以为真，通常会变成一个糟糕的衡量标准，提高事件发生的可能性。我们可以不要沉溺在让人害怕的图像中，我们可以分辨它们，并大声说："这只不过是想法和可能性的混淆而已。"之后，我们要抛开自己的焦虑，不要认为自己受到诅咒并且应该为了坏事发生而负起责任，并且要清楚点出是否有任何证据可以支持你的焦虑。

策略五："有些"一词可以提供不同的观点

事情看来不圆满，不表示情况会糟糕透顶。你和你的另一半早上起争执，没有好好道别。你会想：我们没有吻别。这就对了，我们什么事都没有办法达成一致，他根本一点都不了解我，我们无法沟通，如果我们无法针对何时应该付清账单达成一致，又怎么能一起养孩子？他绝对不会听我的，什么事都不对劲，我们根本不能容忍对方。这是一场灾难。如果这就是我们婚姻的终点站，那该怎么办？如果我一个人孤单终老，那该怎么办？

请注意，看看一个小小的想法或观察（我们没有吻别）如何鸣枪叫你起跑，让你在心中的焦虑跑起了马拉松。要把“每件事”以及“什么都没有”这类绝对说法去掉，我们必须找来“有些事”的概念。我们在有些事上面无法达成一致，但有些可以。有时候我们不听对方说话，但有时候（而且常常！）我们会听听彼此怎么说。在我们的关系里，有些事运作得很顺利，有些则否。我知道有些事将可解决，但有些事我却不知道最后会怎样。你想象自己有一个酱料罐，你可以摇出不同的观点，把整个情境变得更有滋味。下一次，当你听到心里出现“如果不是全部，那就代表什么都没有”的声音时，请伸出手去借用“有些”的力量，然后看着你自己的压力水平逐渐下降。为你的住家或办公室准备一个“有些酱料罐”，放在你伸手可及之处，这是生活中必备的情绪平定措施。

策略六：留在你的时区里，也就是当下

快问快答！从现在开始算起，未来十年你要做什么？未来十个月呢？如果你发现自己太过忧心忡忡，你对未来的想象可能会拉得太长太远。请像卷尺一样，把你自己卷回来！思考未来或许会让我们处在焦虑的状态，这是因为我们并没有足够的信息，无法预测未来。与其推理猜测，不如让人生走出自己的路。就算未来意外地来到我们身边，焦虑能换来任何的安稳吗？

请提醒自己，尽量缩短焦虑的时间。焦虑和担忧先跳出来预示未来的发展，并不表示你就必须照着这样的剧情走。等到你走到未来时，很多东西都变得不一样了。为什么要先跳过去，想要去解决可能永远不会出现的问题？这就好像你强迫今天的自己做决定，预定三年后的自己要买哪一款的手机。选择会改变，你会改变，因此现在不要把时间花在去做某个时候一定会变得不合时宜的事情上。焦虑也是一样。

管理你的生理反应：让身体做好准备

你可以去留意一下，一旦我们认为某件事可能出错，我们会觉得胸口一紧，或是心跳加速。恐惧不只在心里，也会出现在身体上。

要感谢老天在人类的身体里加上这些早期警示系统。当我们在红灯前停下等待、准备转弯时，若有另一辆不知道从哪里冒出来的车切进我们的车道，我们不能手动输入数据（车子出现，有危险，转向！），一切就发生在电光石火间。身体会马上行动，踩下刹车，避开危险。但这套随时预备好的系统有一个缺点，那就是它没办法分辨是真的有车子冲过来，还是我们脑中充满着明天的面试一定会搞砸的想法。

不管是实际或想象，认知到威胁会启动身体里的生存程序，让它自我捍卫。在战斗或逃脱的紧急模式里，我们的心脏会更快速将血液送进身体各处，到达最极端值，让我们可以逃跑或战斗，手臂与大腿产生反应，呼吸浅而急，让我们的肺部更有力，胃部还会纠结在一起，最后，我们可能会浑身冒汗，以防身体过热（或者，甚至会让你的表皮变得很滑溜，好逃避掠食者的逮捕）。这种生理上的战斗或逃脱反应，启动快速但消退速度慢，这就是为何当我们在避开红绿灯前的意外事故后，必须经过好几个路口才能再度恢复正常的轻松呼吸。要让身体冷静下来，需要费点时间。

还好，你可以做几件事，以催促身体尽快冷静下来。对于那些习惯杞人忧天，因此饱受头痛、虚弱不振、疲惫或是消化问题折磨的人来说，很有可能，重复启动原始的防御系统将会造成严重损害。学着如何让身体在回应焦虑之前就冷静下来，会很有帮助。身体与心理总是不断在对话，因此，你必须帮忙推一把，让这两边说出相同的故事。告诉自己危险已过，也会立即发送出实体信息，帮助身体冷静下来。

试试这个

想象你手上有一份日历。你不要往后翻，而是翻回这个月、这个星期。不要担心未来，因为当你走到那个时候，很多事情都变得不一样了。如果你需要担心空巢期的问题，请和自己立下一个未来之约：两年后，我会想一想我们要如何处理这个问题；我会在明年三月（而不是今年九月）好好想一想暑期打工时要做什么工作。

策略一：把你的压力水平基线降低

“我们到底要怎么样，才能离开这个停车场！”最近一次郊游时，当我们在停车场绕了好几圈之后，我忍不住对我的大女儿抱怨。她的回答是：“冷静下来。”这真是有意思的想法。大动肝火，实际上并不会让情况好转。

如果你可以把日常的压力水平基线降低，那么，只有当你偶尔在面对极端的挑战时（比方说不断逼近的最后期限、意外的健康问题或是家庭责任等），才会觉得有压力。如果你的压力水平基线很高，只要一点点压力就会爆表，那么你会常觉得焦虑或者受到生理病痛的折磨，甚至是无足轻重的情境都会引发问题。

想要降低压力基线，通过简单的日常练习最容易达成，这些演练大概只需要花掉你刷牙的时间而已。就像你养成每天刷牙的习惯一样，如果你能在一天中定一个时间一定会去做演练，比方说睡觉前或每餐用餐前，会很有帮助。除了你特别让自己冷静下来的特定时刻，你也可以想象自己进入某种特定心态，在这时候，你的第一要务就是要冷静下来。先从更了解你的基线开始。在一天之中任何时候只要你注意到自己紧绷、压力大时，好好把握这个机会，提醒自己你有选择，善用这个机会，用稳健的脚步重新出发，冷静地处理你面对的情境。很有可能，你不仅会觉得舒服，更会因为干扰减少了，因此表现更佳。

策略二：特意地呼吸

每一次呼吸时，你都重新开始，一切都将变得有可能。

——苏珊·皮维尔（Susan Piver）

你的呼吸怎么表达你目前的心理状态？它是不是说：我的生活是一场压力罩顶、完全失控的混乱？你可以决定，接下来五分钟（甚至是两分钟就好），你要放下目前背负的压力，不管那是什么都一样。给你自己一分钟，把待办清单中等着你去做的所有事项都放着，只要呼吸就好。放空然后重新整理，当你重新开始运作时，整套系统将会从一个崭新的起点出发。就像你如果每天都关闭计算机的话系统会运作得比较顺畅，同样的道理，如果我们每天至少重新设定基线一次，表现也会更好。一旦养成习惯，你甚至会发现，一天当中你会自然而然花时间休息一下去调整呼吸，因为这样做会让你觉得很舒服，而且当你这样做时，你办事效率更高。

你还可以做很多别的事来解压，如运动、好好泡个澡或是看场电影，但光是静下心来注意自己的呼吸，就可以让你受益良多。事实上，冷静且特意地呼吸这个举动，可以立即影响你的血压，释放身体里的压力荷尔蒙，调节血液里的酸碱值（血液的酸碱度是衡量身体系统平衡的最终指标）。你越勤加练习冷静的呼吸，当你需要用到时，越是随手可得。

急而浅的呼吸会触发交感神经系统，交感神经是身体的加速器。这套系统会做好准备以激发战斗或逃跑的反应，从而引发压力与焦虑。反之，副交感神经则在肾上腺素水平激增之后帮助身体重新回到基线。当我们冷静地深呼吸时，就是在示意副交感神经该踩刹车了。

我教人们如何深呼吸已经有超过二十年的历史了，我从中了解到，就算只有三四个集中意念的深呼吸，都可以带领一个人进入深层的放松状态。就像你晚上刷牙是在示意身体你要准备上床睡觉了一样，反复练习呼吸动作五次，实际上可以改变你身体里正在发生的各项变化，带你到不同的心理状态。就算实际上并无紧急情况，焦虑也会触发身体的警报系统，但是冷静而深入的腹式呼吸（人在很放松或是睡觉时便是采用腹式呼吸），就像是你按下的保全密码一样，将会关掉警报系统。

你的呼吸，是你绝对不会放在家里忘了带的装备。就像字面上的意义一样，呼吸是生命线，任何时候你有需要，都可以召唤它。养成定期练习特意的呼吸，就算你的动作不那么标准，只能做到你相信这是特意的呼吸，都已经足以协助你的身体想起来刹车的位置在哪里，即便身处高压情境，都可以踩下刹车。当身体里奔流的肾上腺素少了，你就能更透彻地思考，就算你身处的情境有着庞大压力亦然。

就像针对肌肉建立强烈的记忆一样，你练习得越勤快，知道如何置入“清除一切”的信息，你的系统运作速度就会越快，能够主动去降低压力水平。之后，当你真的需要在片刻之间冷静下来时，冷静将会任你取用。

试试这个

在一天当中选择一段时间，把注意力放在呼吸上五分钟。这段时间可以是你早晨刚刚苏醒时、在办公桌旁吃午餐时、赴约前早到的那几分钟或是你晚间上床时。要定在很方便的时段，你才可以每天去做。要养成习惯通常要花约三星期的时间，因此你要有耐心。找个地方，闭上双眼，然后，想象一下你的呼吸路径，并跟着这条路走，从丹田提上来，从嘴巴呼出去。

你可以想象自己躺在宁静的沙滩上，阳光温暖了你的全身，或者你也可以想象自己躺在舒服的床上。可以是你去过的地方，或者是你想象中的地方。大脑会因为特定模式而活跃起来，因此，如果你连续几天或几个星期都选择同样的地方，一旦你决定去做呼吸练习时，你的大脑就会替你带出景象，你开始放松的速度也会随之加快。

我利用吹泡泡来教导孩子如何深呼吸，但就算你已经长大成人，也可以享受这种乐趣。何不试试看？慢慢地吸气，然后通过吹泡泡呼出去，当你被泡泡包住时，你就知道你把气完全呼出去了。

试试这个

把手臂高举伸直过头，然后慢慢放下来；之后再往侧边慢慢伸展出去，并轻轻往身体后方伸。想象有一只鸟儿伸展身后的两翼。你会觉得背部有一点点紧。重复上述的动作。现在，加入深呼吸，并注意一下，当你开放并放松胸腔时，你可以呼吸到多深。

策略三：快速伸展与放松

人会把紧张储存在身体里的不同部位，但多数人都很清楚觉得胸部很紧是怎么一回事。你的胸腔容纳了最重要的器官，也就是心脏和肺脏。因此，人类身体原始的设定，就是不计一切代价来保护这个部分。打开胸部的肌肉，是通过身体传送放松感最快速的方法。你可以在家里做做简单的打开胸腔练习，之后你可以谨慎地在洗手间里、办公桌旁做这些动作，甚至在公众场合也可以。（请注意有多少人接受了你的暗示，发现他们自己也需要放松一下，并开始做伸展！）

策略四：利用想象化解压力

很多时候，我们会觉得喉咙很紧、胸部很紧或胃部很紧，因而体会到自己压力很大。有一个方法可以缓解压力，那就是想象你身体里的压力是什么形状？压力的轮廓长得什么样？压力是什么颜色？当你在做呼吸练习时，想象一下，当你吸气时，你把疗愈之光送到身体各处，当你呼气时，紧张也跟着破碎，化成像沙粒一样的小颗粒。当你呼气时，你消灭了压力，让身体各部位展现健康、冷静的形状与颜色。重复做几次。现在，你可以想象你拿着闪闪发光的蓝银色疗愈之光照在身体部位上，粉碎了紧张。

一次采取一小步行动

在本章稍前的部分，你学到如何改变你要告诉自己的信息，让你觉得不那么可怕。之后，你学到一些策略，让你的身体冷静下来。现在的你已经取得了优势地位，可以去接近你过去一直在逃避的情境。你可能会想，不要这么快。

我是说过我正在考虑要回学校去，但我还没有准备好真的要去注册上课。或者，我确实想在博物馆工作，但是我还没准备好要打电话咨询我在博物馆里工作的朋友。

虽然我们会非常急于向前迈进，但在克服焦虑这条路上，我们还是会觉得被最后一步给困住了：采取行动。

这种行动不甘不愿是有理由的，而且，不只是恐惧而已。拖延推诿背后的想法是：我们需要得到更多，超过我们能拥有的；我们需要加快速度，超过必要的程度。我们拿不切实际的期望来吓唬自己。比方说，你可能会想要搬到一个退休小区去，但是当你环顾自己目前居住、充满一生回忆的三层楼房时，你想着：我绝对没有办法把这些东西全打包好。然后你就退缩了。对，你可能没办法明天一天就把所有东西打包好，甚至花一个月也做不到。流程是这样的：一次只打包一个箱子就好。而打包根本还不算是第一步，光是去看看有哪些退休小区，就可能要花掉好几年的时间。因此，有问题的并不是我们设定的目标，而是我们想象要立即满足自己的需求。

你可能没听过“系统减敏感法”一词，但你可能非常熟悉这套策略。如果某个人很怕狗，要克服对狗的恐惧，利用上述这套方法，一开始他们会先看狗的照片，之后他们隔着玻璃或者笼子去看睡着了的狗，之后他们会从对街看狗，然后抚摸拴起来的狗……这样你懂了吧。他们不用一开始就坐在爱犬世界里，让大大小小的爱犬把口水流到他们身上，才能克服恐惧！要克服恐惧，一次一小步就好。

问一问小朋友是如何克服恐惧的（或者，你也可以回想自己小时候对虫子、小狗或跳水板的恐惧），他们会说：“我慢慢习惯了。”慢慢习惯了，这就是每个人的成长之道。这听起来或许有点像是小孩子过家家，但如果你正在和计算机设备斗争、学习新的运动、制订一份商业计划，甚至是在分手之后重新开始约会，请好好想一想。

对你来说，达到目标的最佳方法是把它细分成几个可管理的小步骤。如果你要跨出的步伐太大（或是你根本没有实际的步骤），请再予以细分。一旦你开始动身，你就走上正道了。

策略一：相信你将会做出调整

当我们试着去习惯某些事时，重要的是，你要知道，即便是好事，即便是正确之事，一开始可能也会让你觉得不自在。想一想游泳池。当你一开始跳下去或慢慢移动，感觉如何？冷！非常不舒服。一开始时都是这样。几分钟之后，你就觉得舒服了。有什么东西改变了吗？没有，是你变了，你调整了。如果你一进入游泳池就急急忙忙跑出来，你永远不会知道，在这种不舒服的另外一头，有一种愉悦的体验正等着你。了解我们拥有这种适应的能力，是我们敢下水的理由。因此，当你开展新项目并预期会出现让人不舒服的情况时，请记住这些都是一开始时会发生的状况，等你调整好之后就消失了。

策略二：多练习会带来信心与熟练

第一次去一个从未去过的新地方，第一次在一群人面前发表演讲，第一次开始写书。没有人知道第一次尝试时应该怎么样去做事，但这没有关系，学习的重点本来就在于要多练习。

小时候，我们都从现实中学到教训，了解骑单车、拉小提琴以及田径赛跑的技术都会随着经验而提升。说到情绪管理技巧，或许因为不需要任何装备，人们常常假设自己不需要去做练习。因此，无须讶异的是，当他们拿起话筒开始拨打销售电话时，他们呆若木鸡，不知该说什么。试着抛开你自认为应该知道怎么样去做某件事的这个想法，反之，去想一想你会如何教导别人去做这件事，然后为自己制订出固定练习的计划。创作一套剧本，对着镜子练习，对着好友练习。这些步骤都可以降低你的焦虑程度，强化你的能力。

戒除焦虑实例

理查德的家人坚持认为他一定要去接受治疗。在金融业任职的他，并非唯一对工作感到焦虑的人。但理查德的焦虑严重地控制了他整个人。他时时刻刻都处于紧张状态，总是先想到接下来会有什么问题，而且他再也无法快乐地工作了。他总是和黑莓机形影不离，检查手机是他每天早上起来的第一件事，也是上床前的最后一项工作，因为他不想冒着错过任何信息的风险。

理查德经历的是一种自由浮动的焦虑，这是一种觉得坏事将要发生的模糊感觉，因此他需要事先防范，导致他在工作上花掉更多时间。这让客户更容易找到他，但也让他如履薄冰。他对客户展现的魅力是决定他成就的重大因素，但他觉得自己再也无法仰赖这项优势了。

我问理查德他最害怕发生的事是什么，他奇怪地盯着我，仿佛我是双头怪。“现在时机很差，经济衰退，人们随时都会丢掉饭碗。”他如是说。

我说：“没错，现在正面临经济衰退，但真正让你觉得害怕的是什么事？你害怕工作不保吗？”

理查德知道他的公司非常稳健，而他在公司里的地位也很稳固。他在心里创作出来的图像警告他，他必须不断向前跑，因为在他所属的这个专业领域，一切都非常不稳定。但这样的追逐以及为了一切做足准备，让他精疲力竭。当他慢下来检视真实的风险，以及他做了哪些准备以因应自己想象的风险，他开始看出他实在是准备过了头了。

对理查德来说，解决方案是要体认虽然他们这个产业处处弥漫着压力，但对他造成的伤害远远不如恐惧。如果真的出现问题，他需要的是表现得更有弹性，心力交瘁不会带来任何帮助。他必须和某些未知共存，但他也要认同正向的指标，比方说他在目前职位上一直都很成功，而且他也没有让低迷的气氛影响到他的那些工作。

任何曾经和十岁以下的同伴一起去看电影的人，都会预期每隔几分钟就会被小朋友打扰，因为他们会问一个很简单的问题：最后会怎么样。小孩子（他们很入戏，而且真实的人生经验有限）是真的很害怕，而且也非常不确定。他们不知道，允许他们去看的电影，大部分都会有大团圆结局。我们要聪明一些，也记住这一点。

当面对全新或不确定情境时，焦虑和负面思考会急急忙忙冲进我们心里，但我们不用在这条河里泅泳。在恐慌之前，我们要先停下来想一想。如果一定都会有个圆满结局，表现出恐慌的反应是最合情合理的吗？还有没有别的选择？除了灾难之外，还有没有其他有益的想法可供思考、规划？打开大门，不要让你的担忧变成黑盒子，让答案出现，开始身体力行展开行动。要相信你终能有所调整。

你自己以及其他人

当你身边的人踩进了强烈焦虑的地雷区时，请极力抗拒你的冲动，不要一味地说“一切都会没事”；这种话很没说服力。反之，你可以成为他们的记忆库。这是更能展现善意、同时也更有建设性的替代说法，可以取代“我早就跟你说过了”这种话。

提出问题，帮助他们去回忆过去类似的情况最后的结局为何。你可以温柔地问：“上一次你处在这样的情境时，你还记得发生什么事了吗？”如果他们说不记得，你就提醒他们发生在你身上的最后一切圆满的类似情况。这不是在缓解他们的焦虑，而是通过你展现的同理心帮助他们把关注点聚焦在终点线上，到那时，一切都会圆满。听到你说“我总是为了最糟糕的情况做准备，但后来我真希望我没有在这上面浪费这么多时间”将可以帮助他们。他们不用深入挖掘恐惧，而是将关注点转换到另一个不同的制高点，借此替自己省下一趟绕远路的旅程。

试试这个

放个焦虑假

不论让你整天提心吊胆的是日常的压力还是重大问题，二十四小时全年无休担着担忧的责任，绝无好处。当你发现自己一直想着某件事，甚至已经开始有罪恶感时，重要的是，要记住不管这件事有多重要，你还有别的事要做。当你还有实际的问题待解决时尤其如此，你必须调整自己的脚步，确定自己能找到透彻的观点，晚上能够睡得着觉，更要能摄取足够的营养。

在充满压力的情境中，如果你没有一直去想到底会有哪些问题，你可能会觉得自己准备不足或不负责任。但实际上，当你能看清楚时，你会成为更有效的问题解决者。你可以用以下两种方法之一办到。第一种方法，放个假远离焦虑。每天拨一点时间，去做当你没有面对危机时想要做的事。好好做一顿饭，去散散步，去听听音乐。安排这段时间很重要，不然你很可能会“荒废”你的假期。把这段时间想象成对着焦虑关上门，上面挂上“请勿打扰”的牌子。回来之后你会焕然一新，准备好面对接下来的任务。

设定焦虑时间

第二种将你解决问题的潜力发挥到极致的方法，是不要让焦虑二十四小时缠着你不放。每天设定一段“焦虑时间”，让焦虑等到适当时才能出现：花十分钟在纸的一边写下你心中的焦虑，在另一边则用更理性、准确的方式重新描写你的焦虑。当焦虑试着在其他时段溜进你心里时，你要对它说：“不行，现在不是焦虑时间。”等到焦虑时间时，如果你发现自己已经不需要再为这些想法烦恼，一切就迎刃而解了。

焦虑在就寝时来袭

有时候，我们可以在没有碰到太多麻烦的状况下过完一天，但一旦我们把当天的事情做完，头刚沾到枕头，没什么别的事能再让我们分心，焦虑就急急忙忙跑进来填空。你可以在床边放一叠笔记纸，做“如果发生这种事将如何”以及“现实情况是如何”的一对一比较演练。但如果你经常在夜里心烦不已，如果你能在上床约一个小时前和自己约会，好好处理这个问题，这样效果会比较好，因为此时的你比较清醒，比较容易善用你对自己的了解。

在你填完以上那两张清单之后，把一半的纸折起来，让你只看得到“实际情况是如何”这一半。如果你在就寝时开始心烦，你可以彻底读一读稍早之前你针对自己的人生得出的明智结论，做这件事要在疲惫的浪潮打败你，让你觉得一切都不可能之前。

如果你的焦虑和睡眠有关，比方说“如果我睡不着怎么办？明天我会很惨，但明天可是非常重要的一天”等，请注意，光是有这些想法就已经会让你觉得更焦虑了。你越感焦虑，杏仁核越是警铃大作，你就越不可能入睡。当你忙着终结焦虑时，请做做精确的计算，看看睡不着会造成多大的灾难，让你的大脑醒一醒。

你可以（你也真的想）好好善用时间，替自己做好入睡的准备。你要如何把杏仁核里的警报器关掉？如果你可以放开“一定要赶快睡着”的迫切感，你就会更快进入梦乡。请善用本章稍早提过的放松技巧，收紧后放松你的肌肉，从你的双脚开始，慢慢往上，一直到你的脸部或头部。创造可以关闭警报的新想法：“我的身体知道要如何入睡，当我准备好时，周公就会来找我了。我要让身体沉浸在床铺的温柔舒适当中，启动入睡的过程。我什么都不用做，我的身体会找到路进入梦乡。”

如果你想要在过程中加入一些想象，你可以跟着雪花轻柔地飞舞或落叶轻盈地飘落，或者想象你正走在吹着轻风的楼梯间，要走到一座美丽的花园里去。

3．可能性思考的力量

没有好坏，是想法决定好坏。

——莎士比亚

不需要许下你做不到的承诺

你已经看到不值得绕一趟焦虑的远路，但是有什么替代方案呢？能发挥作用的正常心灵之声会说什么？许多人在成长的过程中相信，如果遇到问题，想办法正面思考正是解决一切的万灵丹。光是从正面思考，就会让你觉得好过一点。

事实上，很多人认为，正面思考永远是正常的做法。借用这套理论，当你“没能感觉到太棒了”时，你马上会想：我自己到底怎么了？你不会把“没能感觉到太棒了”解读成偶尔的情绪起伏，反而挖了一个更深的洞让自己跳下去。此时，焦虑就出现了，怀疑也鬼鬼祟祟地溜了进来：“我真的快乐吗？我够快乐吗？以后我还会快乐吗？我和那个人一样快乐吗？”忽然之间，你不再享受让你感到焦虑的人生，因为你不是真的在过这样的人生，你忙于从旁边监督你的幸福水平。

想要把永远正面的压力阀拔掉，需要一点时间。当你觉得被困住时，不要努力地从“正面”思考（一直想着一切都要很美好），你要从“可能性方面”思考（你有许多选择与方向来缓解整个局面）。情绪弹性的重点在于，我们有能力从失望、阻碍以及障碍中恢复过来，这些东西都是生命给我们的，连同恩赐、成功和喜悦一起。若你能具备弹性，看清楚出现路障是很正常的事，你会更容易找到替代道路，继续向前迈进，而不会因为人生居然会出现挑战而焦虑不已。

正面思考的危险

正面思考有什么问题？简单扼要的答案是：没问题。当现实确实正面时，你涌出非常正面的感受或是从正面去思考，一点问题都没有。当眼前所见的美女让你惊艳，他人的善意让你感动，或你做好准备迎向挑战，想象你成功归来的模样时，正面思考真切确实，而且以现实为本。当你罔顾现实，任意套用正面思考，就像杀虫剂一样“扑灭”现实状况中的任何负面因素，问题就出现了。当你很沮丧时却假装自己很开心，这就会出现可信度的问题。不仅连你自己都不相信，如此辛苦的做作还会引来生理上的痛苦。

所以说，坏消息是，当你实际上无法感受到却试图要去正面思考，这样做没用，还可能会让你觉得更糟糕。重要的是，你可以把这些费尽心力的演出从日常生活中删掉，摒弃痛苦、虚假的笑容，这样你会好过一点。

要分辨出“正确”或“错误”的思考方式很难，有时候甚至根本做不到，但我们可以把这项任务的范围缩小到只剩一条简单的规则。不论到底是快乐的或不快乐的，思考真实状况，不要篡改事实，不要超越实际，把故事变得比较正面或比较负面。绝对不要说一些你自己都觉得言不由衷的话。换言之，不要欺骗自己。不管是夸大灾难或裹上糖衣，当你做得太过火时，会导致心里出现内在冲突，引得杏仁核开始“哔哔”叫。

有位朋友曾经告诉过我，小时候，她妈妈在厨房里放了两个罐子，一个标着“正面思考”，另一个则标着“负面思考”。有人教她妈妈，每当她有两者之中任何一种想法时，就在对应的罐子里放上一枚硬币。负面思考的罐子总是满出来，但从来没有任何一个铜板被丢进正面思考的罐子里，从来没有。

她可能一直就像所有因挫折而沮丧的人一样，相信不幸的反面就是幸福，这两者是互相排斥的。研究显示，在生活的常轨当中，幸福和悲伤，或者说正面影响和负面影响，是彼此相依的。也就是说，这两者并不像是开关按键一样，是完全相反的状态。在幸福时刻，也会有悲伤甚至失落；在黑暗时刻，你通常也能收获愉悦。你并非被锁在两种情绪的其中一种里面。事情会转变。

“正常”人永远觉得美好如意，这种说法并不成立。你也无法强逼出正面想法。这就好像是故意把木板往另一个方向掰，借此来修正弯曲的地方。木板会断掉的。天啊！研究也发现，在情绪低落时，如果你强逼自己对自己说一些“正面”的话，最后你会感觉更糟。好好想一想是不是这样。当你觉得美满幸福时，像《西区故事》里的玛丽亚大唱“我好漂亮”，将会让你心情更飞扬。但当你那天过得很糟，就算你还能鼓起勇气唱这首歌，你唱歌时可能会想去摔点什么东西，但你又是个爱好和平的人。

把可能性思考变成默认的思考模式

生活过得很糟时，你内心的对话可能会像是这样：我的人生完全是一场灾难，我是个彻头彻尾的失败者，我什么事都做不好。根本没有人在乎我。他们为什么要在乎？负面思考的水龙头好像漏水了，不断地滴、滴、滴，告诉你这里错了、那里错了。如果发生这种事的话那该怎么办？与此同时，你也可以伸出手，去扭开正面思考的水龙头。就像我们之前看到的，强行正面思考并不会让你觉得比较好过；而且，因为和当下的情境搭不起来，很可能会让你觉得更糟。

你有什么其他选择？我要替你引见一位新好友，也就是我所谓的“中立思考水龙头”。中立思考水龙头不会把正面或负面念头导入生活中；它是你不带偏见的数据源。中立的想法，是你迈向新机会的垫脚石。

来看看安娜的例子。多年来，每天早晨，当她的丈夫坐下来等着她伺候早餐，完全没想过要彼此互惠时，她的心里就涌起了一阵气馁。若不想踏上负面之路，想着我被困住了，我丈夫完全不顾我的需求，这段婚姻没救了，那么可以转开中立思考水龙头：我丈夫已经习惯我伺候他吃早餐，这在我们这整段婚姻中已经变成一种模式了。他不是故意忽略我，他只是在做我们习惯做的事。我希望情况能有不同，我有选择，我可以和他谈谈我的需求。

这些想法的价值，并不在于它们值得怀念或会引人注意，而在于它们就仅只是事实而已；这些想法是客观的观察。而事实会让你改变观点，让你从不可能中跳脱出来，转向可能。它们会把你眼前的东西交到你手上，审慎地让你的生活变得更简单一些。这就好像你拿到的信息，里面没有过多的问号与感叹号，这是我们可以拿来加工处理，并让它变得更好的故事。

你的想法不要变成：我的老板想要见我？！而只是简单的：我的老板想要见我。这或许仍不是好消息，但这样的思维会鼓励你静下心来看一看，而不是直接冲向“这是灾难”的结论。你越能学会去取用这些中立想法，就越能透彻地去思考整个情境。当你开始放开恐惧这一边或是紧紧抓住过度承诺与保证的那一边，中立想法的水龙头就会把你带回平衡状态，只给你手边能得到的信息，不附加任何实时的负面评论。

当你觉得今天很不好过时，你不需要勉强自己，你只需要知道你还有其他选择，不要卡在或陷入你替自己描绘的图像里就好。你可能会这样想："现在我觉得一切对我来说都没有用。这个项目本来就有缺陷，这一点让我觉得自己很失败，但是那只是一个我之前没有找到的问题，我有能力弥补这个缺陷，就像我碰到的其他缺陷一样。因此，这种不舒服的感觉是暂时的。我会解决问题，当我办到时，我就不会再有这种感觉了。"

请记住，你不用时时刻刻都为生命中的喜悦而跳上跳下，你不需要花一天时间去做水疗按摩，只为了从被墨菲定律搞砸的那一天中恢复正常，你只需要有一天让你可以平静地从一点进展到另一点。因此，不论你是在筹备婚礼、会议、你家两岁宝宝的生日派对，或只是寻常的工作日，当你的心开始产生没用的想法时（如果我迟到了怎么办？如果大家不喜欢我做的东西怎么办？如果下雨怎么办？你为什么无法不这么焦虑？你到底有什么问题？），你可以召唤中立思考，提醒你不要跑在自己的前面，只要专注现在正在做的事就好。负面思考的反面不是正面思考，而是可能性思考。你不会再被困在一个角落，在被困住与获得自由两者之间，还有很大的空间。

非负面思考的力量

1981年，心理学家菲利普·肯德尔（Philip Kendall）与史蒂夫·霍朗（Steve Honllon）研究抑郁症患者的自主想法，特别是这些想法在患者被治疗之后有何改变。为了说明研究的结论，他们发明了一个新词：非负面思考的力量。

他们发现，当比较患有抑郁症者和未患抑郁症成人的内在对话，甚至是比较患有抑郁症者在治疗前、后的想法，可以区分出不同群体的因素，并非正面思考的频率，这一点违反了当时流行的“正面思考的力量”这种说法。决定所有差异的，是他们的“非负面思考”，或者说是中立思考。患有抑郁症者的负面思考多于没有抑郁症的人，但治疗成功之后，他们正面思考的数量并未增加。

事实上，正面思考量和治疗前大致维持一致。治疗能成功和负面思考的想法减少有联动关系。从这项重要研究当中我们可以得出一些信息：成就心理健康与福祉的真正秘密，并不是每天复诵有正面意义的座右铭，而是要减少负面思考的想法。

我们要怎样做才最能减少负面思考出现的频率？你不要用十几个负面思考来响应一个负面思考，反之，你可以养成新习惯，练习用中立思考取而代之。请记住，当我们在做常常做的事时，大脑的运作会比较顺畅。因此，如果你堆了一堆负面思考，这就会变成自动出现的想法。然而，当你那一天过得很糟，你产生一个负面想法（我绝对无法完成这个项目，还有，看看厨房，根本是一团乱！）时，你不要用更多打击自己的指控（我不负责任，我无能，我什么事都做不了）来回应，反之你只要伸出手去，寻找经过衡量的、准确的观点，看清楚现在的状况究竟如何（我累过头了，因此我家才会看起来像浩劫过后。这个案子很困难，我很累了，因此现在整件事看来让人觉得束手无策）。这是在教育大脑，用一种比较好的方式去响应暂时的焦虑与自我怀疑。

新目标：别忧虑，~~开心~~准确一点！

根据研究人员所说，在任何时刻（你每天大约可以有两万个这样的特定时刻），你的心智都在把你的经验分成正面、负面或中立。虽然人们偏好感觉美好，也没有人会故意寻求糟糕透顶的感觉，但心理机制比你想的更复杂。人类有个经过设定以生存为要务的心，本来就被默认会极尽所能记忆负面的时刻。毕竟，不管错误是什么，我们可不想再犯同样的错误。被储存起来的正面时刻并不持久，很快就会消退，这是因为虽然这些时刻和我们的幸福息息相关，但并非生存的必需品。因此，厉声斥责我们的朋友，打击我们的批评者和充满脂肪的甜点在我们的念头里占据更多的位置，超过乐于和我们见面的朋友、我们得到的赞美以及养生晚餐。另一方面，中立时刻就像是你一天要吃的三餐，很少有人注意。

人类习惯用对立法来思考（非黑即白，非上即下），在这种倾向影响之下，当你的思考在负面领域里跑得太远时，你会疯狂地转回到另一边，就像战舰想要校正方向一样，这是合情合理的反应。但就算你在表面上可以暂时改弦易辙，感觉可不会说谎。

在苦苦挣扎时，你越能记住要保持中立，你的心智也就越能记住这套模式，这就好像当你键入前一两个字母时，你的计算机就能预见你是要连上经常到访的网站。你的心智会填补空白，用自动导航模式完成这趟旅程。

试试这个

想一想你的某一天。当你开始觉得自己在评判或批评某个经验，使用“好、坏、糟透了”这些词语，或是当你做出负面的预测或是把未来概括化，请停下来，把批判式的评论放在一边，回过头去，平铺直叙当时的事件就好。借用你的中立思考，让你轻松转换视角。把这想成你在接受某种在职训练，有一位大公无私的观察者在观察你。下一次当你身处“水深火热”时，你投入在训练上的时间会为你带来意外的收获。

比方说，你儿子的成绩单上有两科出现红字。你第一个想法是：他会搞砸自己的一生！停下来，记得你有别的选择。不要丢出更多负面想法，也不要让你的担忧和愤怒情绪节节升高。请去检视事实：“我儿子是个好学生；没错，他有两科不及格，我不知道为什么会这样。我很沮丧，因为我无法理解。我需要更多信息。他可能对这个结果也感到闷闷不乐。”请注意，你寻求中立想法的能力将拯救你们两个人，免除一趟通向灾难的不必要冤枉路，得以回头。

正面思考有什么好？把真正的正面经验变成你的人生

如果你把“事实”当成基准，正面思考行事当然健康而且有益，这本来就是自然、真实的反应。但没有什么比在欣喜中散发真实的愉悦和幸福更棒的了，即便稍纵即逝也同样美好。不论你是看见初生的婴儿备受感动，能和最欣赏的同事合作而觉得兴奋，还是因为收到老朋友的问候而欣喜若狂，你都确实涌出了这些感觉，而且它们很棒。

这种自主性的感觉并非由你心里的工厂制造出品，你不需要停下来想一想要如何“响应”这些美好时光。你什么都不用做，这些事情自会让你感动。我们欢迎出自生命中正面经验的正面想法，但你不应该把自己弄得精疲力竭，在根本没有任何正面想法可言时也要想办法挤出来。

研究发现，处在正面的状态，并不只是满足与健康的反映而已。就像我们预期的，特意花时间处在这种状态下，实际上可以创造出满足感与成就感。从两边来看都说得通。当你开始重新思考，并不再以为压抑错误或可能有错的事物很有价值，你就能释放自己，注意到自己能够连接到正确之事、好事，并与之培养出良好的关系。

你要如何把这样美好的关系转化到你自己的生活中？毕竟，最能引起你注意的，是事情出错的那些时候。偶尔我们会找一个晴朗的好天气，坐在户外的院子里，或者在公寓阳台上放上一株植物，这样简单的动作似乎就能牵动我们，并带来极大的变化。你可以感觉自己轻快多了，比现有条件下的心情更愉快。当你的感觉像这样真切时，正面感受将能产生无比的威力。

要让你自己更熟悉善用美好感受，你可以用一些可靠方法：在车子里唱歌、和死党一起看足球比赛、晚上和孩子一起阅读、和家人一起散散步、担任义工等任何你觉得美好的事。想要追随你的喜乐，你要先知道你的喜乐会在何处出现。

这样做的好处是效果立现，但你需要多点练习才能办到。长期下来，能拥有一段富含各式各样经验的人生，将会让我们相信这是一段值得好好去过的人生。这会教导我们如何降低压力水平，体验更美好的满足感并且引出更多的美好。也可让我们练习运用认知弹性，像是运动肌肉一样：当难题出现时，我们就能拥有更大的弹性。

找出负面想法中正确的部分

当我们鼓起勇气审视坏消息时，很可能发生两件事。第一，从后见之明来看，再回顾这个情境，你通常会发现事情没有这么严重。坏消息最初的逆袭可能会让你深感意外，但当你准备好再度审视时，这些坏消息的力道就会软着陆。你甚至会觉得你在读一封和之前截然不同的信，你的情绪反应变化太大了。为何如此？因为到这时你的杏仁核反应已经消退了，你的理性心智有空间去承受这些消息。其次，有机会能从错误中学习，没有什么比这更好的了，勇敢地检视出错的地方，可以让我们免于长期受害。想象一下，如果就因为手术并发症让医师倍感沮丧，导致他们不愿意从中学习，那会怎么样！

有时候，人生中的负面事物并不只是观点问题，而是现实。任何人都无法免于遭受悲伤、创伤、艰辛或损失。研究人员发现，事实上，能以最有弹性、最有效的方式从这些挑战中恢复过来的，是那些最愿意贴近检视实际上到底发生了什么事的人。

难道不能跳过某些苦痛，咬紧牙关，继续往前走？这样会有问题：假装什么事都没发生过，会在你这个人的系统中留下弯曲痕迹与印记。有一部分的你觉得很糟，另一部分的你则不愿意承认这道弯曲印记就在那里，从而试图去改正。你是在剥夺自己审视经验中带来的智慧与洞见的机会。你在探索这些难受感觉时，可以把它切成小块，变成可以面对和处理的大小；就像我们之前看到的，要能消化新信息并做出调整，这是最好的做法。

试试这个

平衡你一天里的想法

你有选择：你是想要逐一检查你当天做错的事，或者你想要看看你做对的事？当你发现自己花太多时间去归类负面事件，请加以节制（比方说，设下两分钟的时限），然后看看你能否关上负面想法的水龙头，并花掉同等或更多的时间去寻找你当天做对的或从他人身上体验到的好事。当你聚焦在成就，以及想办法让别人快乐或他人为你带来的正面事物时，请注意你的心情有何变化。请养成这种习惯。请记住，如果你很难跳出负面情境，请先走向中立。

更高层次的挑战

你有没有注意过，当有人问起我们最近过得怎么样（这里的有人指的是真正想要听答案的人）时，我们会先从出错的事情开始说。人类以问题为导向的大脑天生就设定成这副模样，很难在听到坏消息之前先去注意到好事。但我们可以改变这样的设定，把顺利的好事放在前面，并加以强调，而不要认为这无关紧要而忽略了。

请试试看。当你在检视反省今天或本周的表现时，请挑战自己，从顺利的事或让你珍惜、赞赏的事先开始。请注意，你会觉得这样做有点怪，就好像平常你把手表戴在右手，但今天却戴在左手一样。但借着经常练习，这种关注好事的习惯会变得越来越强烈。长期下来，你会发现你这个重新接受训练的大脑会开始为你选择更多好事：“嘿，别忘了谈一谈花店里发生的好事。”到那时，为了这个美好的改变，你可以谢谢你的大脑。

戒除焦虑实例

卡拉二十五岁时完成研究生教育，在她专精的工程领域到处去应聘。在取得学位六个月之后，她还是找不到工作。她搬回家和父母一起住，好省点钱，后来证明这个选择有好有坏。他们很支持，但因长期找不到工作，她一天比一天泄气。

卡拉会过来找我，是因为她认为她一定做错了什么事，而这也是她觉得不好过的理由。我要卡拉告诉我她做了哪些事情。她每天都花时间钻研就业网站、电子邮件联络人并撰写简历。这些都是好事。她接着解释，当她觉得丧气或担心未来不知道会怎么样时，她会对自己精神喊话，说一切都将会很棒，一切都会圆满解决。但她说："我越努力要让自己觉得好过，我就觉得越糟糕。"卡拉很担心这代表她已经得了抑郁症，因此过来寻求指导。

当我告诉卡拉，试图用"正面态度"思考行事并不是她需要的，如果这会让她觉得更沮丧时尤其如此，这让她大为意外。她会沮丧并不代表她不相信事情终将圆满收场，反而是许下"一定会很棒"的承诺让她感到非常不安。卡拉做了正确之事帮助她应付目前的情境，她只需要提一份报告给自己：说明当下的现状。现在跳到必会出现快乐大结局的承诺，讲得事情好像已经发生了，这样做之所以让她感到不安，在于这些美好与圆满现在还不成立。

卡拉明白她没有问题之后松了一口气。用正面的话语为自己打气没办法发挥功效，这并不代表她就没有能力快乐，或者是她已经患上抑郁症。这只代表她的想法在正面的领域里跑得太过头了，这让她很不安，就像在负面或焦虑境地跑得太过头时的后果一样。答案就在于你要能够感受此时此刻的真实与现实："这不容易，我已经做了所有该做的事，我会学着多点耐心，并坚守我的计划。"

第二篇
理性分析，从容应对

知识就是力量：当你知道大脑如何运作时，你就能采取任何必要步骤去预见问题，并发挥优势。

——医学博士约翰·瑞提与凯塞琳·琼森《人人有怪癖：告别阴影症候群的烦恼，预防心理失衡》(*Shadow Syndromes*)

暂停可挪出时间、拉开距离与找出可能性

每一个人都是说书人，不断讲述生命中的事件。利用本书中的四大步骤，可以确保你讲述的故事重点在于我们以及我们的人生，而不是虚妄想象中极端与夸大的说法。焦虑故事的情节会留在我们的心中，不断放大，因此其看起来可能比实际上更为重要，但通过勤加练习，我们可以有效地甩开这些放大部分。它们和我们共处的时间越短，引起的麻烦就越少。每一个故事都只是一个假说，是一个起点，等待日后根据更深入的查探予以验证。保护过度的大脑随时做好准备，把最微小的疏失当成要我们赶快逃走的机会。我们必须多看看，不要这么快就弃守！

你如何才能屏蔽脑中的噪音，进入你要面对的真实处境？本书提出的四大步骤会帮助你快速重新处理你对情境的第一反应，变成有依据、理性的诠释，把情境解读成让你通往更美好人生的路径。就像你已经看到的，轻率仓促的想法是对不确定性或失望自然产生的最初反应，是其中一种可以解读当下情境的诠释。采用四大步骤并不是要断然阻止这些想法，而是要把它们当成问题或预测，要等到现实推移到同步状态时，才能加以证明。

故事有起承转合，焦虑会抢走你手上的笔，急着写下前几行：这是我这辈子最糟糕的一天，我不知道我应如何处理这个场面，而我们也就跟着这个开场情节走下去。但一切操之在你，你可以改变情节，你可以开放自己、拥抱其他可能，而不是眼睁睁看着你的人生一翻两瞪眼。

4．学会暂停，然后赋予自己一个新身份

它有名字，名字让世上的一切变得不同了。

——大卫·拜恩（David Byrne）

请问是哪一位

如果我们心里的声音开始说某些话，比如："嘿，你绝对不需要去担心任何事，人生美好得不得了！你好优秀。你所做的一切都很完美，棒得不得了，大家都爱你。"此时，我们都会有点怀疑。要相信这些疯狂念头之前，我们想要先看到一些证据。

当我们内在的声音用相反的声音攻击我们，说着：如果你所做的一切都落空了怎么办？你这辈子该怎么办？你完全搞砸了这件事，你真是一团糟，你应该放弃！我们倒是每个字照单全收。这些念头获得贵宾级的待遇，拥有最高的保全等级，可以渗透到我们存在的每个角落、每个缝隙——过去、现在、未来。它们会自己找寻出路，长驱直入侵入我们的心灵。但等一等，难道我们不能比它们早个两秒钟到吗？几个小时之后，当我们终于把这些讨厌的东西踢出去之后，难道我们无法恢复吗？

如果焦虑和负面想法的来电号码会出现在心灵之眼的屏幕上，告诉你"我不可靠，也不是真的""我们很夸张"，或者更切题的，"这是膝跳反射，等一下就消失了"，人生就会轻松一些。好消息是，你无须阻止焦虑或负面想法来电，你只需要知道如何因应这些声音即可。

重贴标签就是针对它们设定的来电号码。只要知道我们是在和谁通话，每一个人都可以比最初的自己更明智。你无法决定来电的是谁，但你可以决定在挂掉电话之前要花多长的时间和它们通话。你不确定这是焦虑还是确有其事？你可以稍待一会，先不回应来电者。如果这样做会让你觉得好一点，这很可能就不是你真的必须处理的来电。

名称让世上的一切大为不同

小时候，我们全家曾经一起搭船去佛罗里达大沼泽地国家公园旅行。我们的导游很急地讨好团员，想让我们觉得这趟旅程值回票价，路上兴奋地指着沿岸任何一团墨绿色的东西大喊着：“那是短吻鳄！”然后，随着船越来越接近那团静止不动、难以分辨的东西时，他会顺势修正自己，接着说：“哦，不是，我看错了，那只是水草而已。”我们的情绪完全和导游的说法同步，不停地上下起伏。每一次看起来好像确有其事时，我们都很激动，等到看清楚那根本不是短吻鳄时，我们马上就泄了气。不用说，我们在那一趟旅程中看到很多水草。

事实是，名称会让一切大不同。知道你在看什么，并且适当地予以命名，是非常重要的事。我们不需要战战兢兢地过日子，尤其是大部分时候缠住我们脚跟的只是水草而已，根本不会咬人。

不管你碰到的东西是什么，你都要判定那是什么：是短吻鳄、水草，还是介于两者之间的其他东西。多亏了杏仁核，你最初的想法通常就像这位紧张兮兮的导游一样，看到黑影就开枪。这些想法会跳进来，激得我们体内的肾上腺素不断升高，对着我们大喊：这是很可怕的情境！赶快做点什么！和那位导游不同的是，这些想法不会修正假警报或错误，而这里也正是你的标签可以发挥作用之处。

如果你可以停一停，对那些可疑的灾难重贴标签，那么，你就可以判断问题是否确实存在。你忘了把雨伞交给孩子，害他淋得一身湿，你就觉得自己是全世界最糟糕的妈妈？你的主管挑了同事的提案而不是你的，你就觉得自己很无能？又是水草惹的祸。不要根据这些最初的念头质疑你整个人的自我价值；两分钟之前，你根本还好得很。人类天生就被设定成急着接受任何看来可疑的风吹草动，因此需要有人从短吻鳄中区分出水草来。

你早已知道如何重贴标签

重贴标签是你天生就会的技能。当你下班六点钟回到家，却看到家里的时钟闪着十二点，你不会像无头苍蝇到处乱撞，把此时此刻当成正午或午夜。你会重贴标签，在你看到的画面上加上不同的说明，即电池没电了。

现在，请把这套技巧用在你自己身上：你不是失能，你的问题是失眠；你不是无能，问题在于你是新手。重贴标签让你不用花时间在恐惧与怀疑的回旋中绕圈圈，而是在担忧闯入之前先轻柔地回到重点上。

我很喜欢用垃圾邮件来解释人类重贴标签的能力。焦虑和垃圾邮件一样，两者都会被丢进信箱；两者谈的都是重要的议题——你的未来、你的健康、你的财务成就；两者都凭借着同样的权威发声：“这是最后的通知！不要在未受保护的状态离开！

这是你绝对不容错过的内容！”但不管这些信息看起来多像专门为你而写的，你知道，垃圾邮件会发送给千百万人。

同样地，你也可以把焦虑看成每分每秒会发送给全球千百万人的提醒，大声疾呼着这是错的，以后你一定会后悔，你这个傻子，你完全搞砸了。这些想法只是一体适用、预先设定的信息，我们一开始遭遇未知或失望时都会经历的过程。就像你会从重要信件中把垃圾邮件挑出来一样，大脑这个邮箱也需要类似的过滤机制。你不用相信你想的每一件事。保留真正重要的想法，其他的丢掉：不要浪费时间去读里面的小字印刷说明。

重贴标签不会让焦虑消失，至少不会立刻消失。但借由改变你对这些想法的反应，会改变它们的重要性。如果焦虑不会让你心里的警报铃声大作，你就不需要困在其中或费心去思考。反之，你可以继续去做在被担忧干扰之前就在做的事。重贴标签是一套强而有力的方法，让你的大脑去了解什么事才值得你去注意。持续努力，锻炼这套大脑里的分类系统，长期下来这些焦虑念头就不会出现得这么频繁、这么急迫。

由你决定什么事值得你关注

此时此刻，当你正在阅读时，你会听到脑子里的“朗读声”。与此同时，你的身边很可能也有其他声音：身后玩耍的儿童声音、车声、冷气声。你不用关掉这些声音也可以聚精会神。同样地，你无须阻止焦虑的声音，也可以透彻地去思考。你只需要把焦虑归类成背景噪音，并用这样的角度去听，然后把你的意图和注意力都放在他处。

若要打发焦虑离开，当它那熟悉的声音在你心里播放时，你要先能识别出来。请注意焦虑说的话和配偶或朋友听起来有多么相像；到最后，焦虑说的话听起来大约和全世界一半的人说的话差不多。因为每一个人的焦虑都很相似，这一点帮助我们确定焦虑传输的信息不过是一般性的想法，少有与我们个人特质相关的部分。

策略一：替旁白者取个名字

语言就是力量。当“如果我得不到这份工作那该怎么办、如果我永远都结不了婚那该怎么办、如果我的人生永远停滞不前那该怎么办”这些想法飞入心智的收件箱时，人类的默认处理流程是牢牢把这些话记在心里。我们清醒时，这些话语打击我们；我们睡着时，这些话语不断地加倍扩散。

跟你说这些的人是谁？你一定要忍耐吗？这些人有权做出这些难以招架的主张和预测吗？简单的答案是：否。花一点点时间去辨识这些搬弄是非的“哦，糟了”以及“如果发生这种事那该怎么办”，将它们贴上不可靠的标签，然后把发言的麦克风交回给你脑子里的另一个声音。让你的理性之音试着描述实际上发生了什么事。当我们说，这是我的焦虑，这是杏仁核膨胀的结果，这是我心里那个悲观主义者在找我的麻烦，或者，更干脆一点，这完全是仓促不成熟的意见，我们就开始拥有选择，可以决定如何描述生命中的事件。

把你最糟糕的想法重新贴上标签，把它们视为你的最初想法，是我们在未经思考之下对自己所说的膝跳反射式想法，借此，可以避免你自己落入悲惨境地，不用反复计算你的自我价值、不用经历悲惨悲情的猜测，也不用削弱你的自信心。

以卡罗琳来说，将她的担忧命名为“那个完美主义者”帮了她一把，让她可以驳斥焦虑对她所作所为的不断批评。卡罗琳不再像过去一样觉得糟透了，反而开始体认到焦虑就像是意外被按下的按键罢了。她不再关注这个按键，而是做出清醒明智的选择，重新聚焦在她正在做的事情上。卡罗琳说："我不是一个很糟糕的人，我很小心。很多人没有我一半小心，但他们不会像我一样，觉得自己这么糟糕。过去我认为自己犯下很多错误，但我现在才明白，问题不在我身上，而在于那些想法。"

卢克叫他的焦虑"存在主义先生"，因为他每天面对不断的批评会质疑："这真的有意义吗？这真的重要吗？"焦虑不安让他感到沮丧，事实上他很喜欢他的生活，而且生活对他来说确实很重要。卢克不去证明存在主义先生错了，而是把想法丢回给这位先生，而且通常还加上一句嘲讽："有这种想法，那祝你好运了。"他不再觉得自己要为焦虑停下脚步，独自品尝其中的苦楚。

试试这个

利用剪贴或素描技巧画出你心目中的焦虑。哪个名字最适合这份焦虑的特质，是唠叨小姐、危机先生、蜂鸣器、夸张先生、批评家，还是狂吠的杏仁核小狗？把这个名字挂在你的墙上，当你接到不该你听的"来电"时，你可以信心十足地回答："谢了，但我没兴趣。"

策略二：用不同的声音来听

在某一集的《周六夜现场》中，以独特男低音闻名的演员詹姆斯·厄尔·琼斯读着布鲁克林区的电话簿，居然听起来像是让人深深入迷的莎士比亚戏剧独白。忽然，"迈克尔·史密斯，银街1524号，718–555–0102”这种温和无害的内容，听起来却像是可怕的诅咒或是上天预示的旨意。语调决定一切。

想象一下把这套策略拿来反向操作。当你的“内在批评家”用詹姆斯·厄尔·琼斯的语调和你对话，让你轮番落入悲惨与失望时，你可以反过来用喜剧演员亚当·桑德勒的声音或海绵宝宝吱吱的鼻音来配音。你听到的信息，会直接进入中枢信息部分，这是大脑里的处理台，创造的是即刻的情绪反应。你可以善用这一点，让它在你身上发挥益处，找个让人心情轻松愉快的临时演员重复多念几次这些干扰的想法。我们不敢轻易忽视重要的信息，如果背负着的是听来重要、事实上却毫无益处的信息，这套策略就能让我们获得必要的放松。

文森会不断地想到危险这件事，并深受干扰。虽然他自己现在已经是爸爸了，但是他还是听见这些想法用他爸爸严肃的声音对他说话：“小心！可能会受伤，你要当心一点！”在他一天的生活里，这些声音会一而再、再而三地出现。他也知道，这不正常，但他常常因此受到影响。我们可以努力地改变说话的声音，甚至用“划船歌”或“生日快乐歌”的调子来唱这些警告。困窘因此让位，由放松取而代之。文森从来没有想过，有一天他居然能从这些攻击当中解脱。大部分时候他都不需要真的把歌唱出来，光是想到生日快乐，就可以帮助他摆脱焦虑。

试试这个

你这么做时可能会觉得有点羞怯，尽管放手去做。用和你平常完全不同的口音在脑子里说出这些焦虑，甚至如果你敢的话，也可以大声说出来，你可以故意带点口音，或者用潮男的调调，也可以故意装装外国人。重点不在于不管这些焦虑，而是你要用一种夸大的方式接收信息，还需要将问题和夸张分开来。这样做和负面语言造成的效果不同，不会随即改变现实，但会改变“你”。现在，你可以开始透彻地思考了。

策略三：把你自己和想法分离出来

如果你想要赶走脑子里的麻烦干扰，你必须先辨识出这些东西是思绪干扰，而非真实的信息。找一个你心里浮现的负面想法（比方说，我有好多事要做，我永远也做不完），然后现在拉开距离，重说一次（我的想法是……我绝对没办法把我的工作做完。我的焦虑在告诉我……我绝对没办法把事情做完）。请注意这个小小的语意转折如何在你和你正在经历的事之间开辟出一处工作区。现在的问题不再是做不做得完，或我是失败者这个想法，现在只是一个非常不可靠的意见。

如果这些话一开始让你听起来觉得有点像是作弊，请勿惊讶。你会有这样的反应，是因为长久以来你都把这些想法当真，不是因为听进这些话可以为你带来收获，而出于盲目的习惯接受它们的话。继续努力，一天又一天之后，你会注意到自己有多快就能关掉担忧的声音。很快的，这就完全不像作弊，反而会变得极为明智，倒是担忧听起来像是耍手段骗人的声音。

策略四：把靴子丢回去

如果你正在开一个重要的会，虽然你想着，我要吃中餐！你也不会对大家说：“希望各位别介意，我很饿了，再见。”然后直接离开。你会过滤掉这个想法，回到手边更重要的事情上。我们都有能力筛选关注对象，但我们认为不应该把这项能力用在焦虑上，因为它们看起来好像很重要。焦虑想法中可以抓住注意力的词语包含，灾难、危险、破坏、可怕、笨蛋、呆子等，这让我们很难脱离它发展出来的情节。但我们必须把自己拉开，这些关键词并不属于你。

请记住，杏仁核反应是日常生活的过分夸大。如果你把内在的对话想象成意识流，那这些想法就像是弄脏这条河流的随意丢弃的靴子或汽水瓶。如果你在冰箱里看到一只靴子，你会想，嗯，我想今晚就煮靴子好了，还是，你会想冰箱里不应该有靴子，我要把靴子丢掉！即便靴子夜复一夜出现在你的冰箱里，也不会因此变成可以吃的东西，更不代表你必须学着如何消化靴子。极端的想法闯进你心里，即便一而再、再而三地重复，也不代表你必须去理解它，同时据此改变你自己。

策略五：降低担忧的等级

还记得前面提过的狂吠狗概念吗？当焦虑狂吠时，就像你下车遇见邻居家的笨狗，影响了你的情绪，让你处于高度警戒的状态。你知道自己很安全，但在响应这种警告式的吠叫时，你的肾上腺素水平仍然升了起来。重设你的基线，可以帮助你陈述明显的事实。当你倍感沮丧时，完全无法去感受规模或比例的问题，常处在全有或全无的状态。

你要制作一个从一到十的数值标尺，或是利用中、高、低或颜色代码，将危险的等级从红色警戒降到黄色警戒，甚至是绿色安全区。这可以协助你识别：这是大事还是小问题？请你在脑子里面说："这让人觉得很糟，但实际上的严重程度不过只是五分而已。"不管用哪一种方法，你都是在为紧急时刻重新贴上标签，关掉警铃，回到你的人生大事上。

迟疑：这些想法感觉如此真实，重贴标签没关系吗

如果有人踢到你，就算是不小心，你也会痛。当你产生让人不悦的想法，也会引发痛苦的情绪反应。当我们在想："我没有说服力，我没办法继续说了，我没什么有趣的话好说，对方一定觉得我是个呆子，没错，我一定会孤独一生"，此时我们整个胃都会纠结在一起，心跳也跟着加速。我们因此错误地把"觉得很糟"当成证据，认定这些严重扭曲的想法都是真的。遭受攻击时，你觉得很糟是很自然的事，但这不代表这是你应得的，就像当你觉得害怕时不见得就代表身处危机，觉得沮丧时不代表你正在沉沦。感觉是感觉，事实是事实。就像电影会受到配音影响一样，我们的感觉也会受到极端想法的支配。此时，你该按下静音按键，让事实来说故事，而不是感觉。

不全是你的：如何因应他人对你说的信息

"如果你受伤了怎么办？""哦，拜托，你连试都不应该去试！""你没有能力办到这件事。"当你最初想法里的信息是其他人对你说过的话，这就是所谓的立体音响式焦虑（你在脑子里、脑子外都听到同样的想法）。但这并不表示你不能正确地为其重新贴上标签，让它们得到本来应该有的权威。也许你的标签是"姐姐的过度保护""爸爸的悲观主义""妈妈的恐惧""哥哥的酒精中毒"或是"主管让人无法置信的自大"。

你可以充满权威，甚至是充满同情地判定这些想法和你没什么关系，和别人比较有关。爸爸用悲观的态度攻击你，但你无须因此看轻自己。你可以选择要如何继续走下去。如果这些观点不只是来自过去，也存在于你现在的生活中，而且可信度值得商榷，也很有变化的空间，那么，你可以重新为其贴上“大声说出来”的标签：“哇！你说的话听起来和我脑子里的批评家一模一样，你们两个认识吗？”或者，你可以决定与这些观点拉开距离，在某些情况下，甚至可以不理它，自顾自往前走。不管你怎么做，你要知道，你永远都可以选择要拿这些想法怎么办，包括那些适用在别人身上的想法。

试试这个

编写出一系列角色，帮助你区分出不合时宜的想法与理性的想法。请在一张纸上画两个方格。在其中一张纸写上你心中自动出现的负面想法名称，比方说夸大者、灾难王、批评者、紧张王、内疚机器、悲惨先生，或者更倾向于陈述事实的，不可靠、强迫症、被杏仁核牵着鼻子走。在第二个格子里，列出合乎逻辑、准确的想法：逻辑小姐、镇定先生、爱因斯坦，或者简单一点的，理性之音。你或许可以把第一个格子看成运动界的预备队，很容易受到风吹草动影响的新手，它们要面对的是后面这个大联盟里的专业人士，专业人士有办法识别出真东西。

之后，挑一件你今天碰到的让你焦虑的事情，用格子里的每个不同角色把话再讲一遍，看看说出来的故事有何不同之处。请注意当你听见这些想法时有哪些不同的感受。就和你接到推销电话时可能会翻白眼或直接挂断一样，当你开始用幽默或贬损的态度替负面想法重新贴上标签时，你就不用自己暗自消化吸收，你可以轻轻松松打发它们，让它们脱离。下一次，当你涌起某个焦虑或负面想法时，请启动你的内在来电号码。每天都要重复这样做！看到你可以用多快的速度终止这些对话，你将会惊讶万分！

戒除焦虑实例

身为四十岁的成功高级主管，史蒂芬觉得，此时此刻他比在人生中任何时刻都更能享受辛苦耕耘的果实。他有位可爱的妻子和四个孩子，一份稳固的事业，而且身体健康，但他觉得自己没有做到“好好”享受自我，这个念头让他饱受折磨。尤其当他在参加派对、陪伴孩子或是打高尔夫球时，他会想：你真的觉得这很有趣吗？你没有办法从中获得足够的乐趣，可能代表你有问题。这种想法的根源来自：如果我可以做一个更好的父亲，我就不会这样想了；如果我可以更有成就，我就一定能好好享受。

我们替他的焦虑取了个名字“计算器先生”。这些想法不肯让史蒂芬享受当下，不停地在他脑子里计算，一再地替他加总。随时随地去计算我们的满意度，对我们来说可不是好事。借着替这样的想法与经验命名，史蒂芬很快地就可以打发这些干扰，把焦点放在当下。他很感激有这套有效的方法，让他不用在每一次出现这些想法时都要绕一大圈，错过时机，反之他可以稳稳地踏在他正在走的道路上，更深入地去体验一切。

你自己以及其他人

我们可以做些好事，以拯救彼此免于受苦，比方说，私下告知朋友，他的牙缝里卡了虽然很小但确实存在的菠菜渣。当你看到有些人用怀疑和批评来苛责自己时，或者因为恐惧与担忧而越陷越深，你可以拯救他们免于受苦，而不是把他们的极端想法当真加以响应。你可以这样说：“你的焦虑竟然对你造成如此严重的打击，这不是很让人意外吗？”就像菠菜渣一样，你可以成为其他人的镜子，映射出卡住的东西。

5. 把问题缩小到真正具体的一件事上

不将问题化成某种简单的形式，无法求得解答。

——约翰·皮尔庞特·摩根（John Pierpont Monrgan）

真正的问题会自己举手承认吗

如果奥运比赛里有担忧这个项目，我们会因为想象出最大最严重的灾难或用最快速度向下沉沦而获得奖牌。不管是打开账单时想着：我一定付不起这笔账；或是收到女友语意不明的短信时想着：她听起来不太高兴，她要和我分手了；甚至是当朋友的新生儿刚好在你怀里哭泣时想着：如果我把宝宝弄哭，我要如何做一个好父亲？此时的我们都是善于直接跳到结论的高手。而这些结论根据的不过是最初的杏仁核挟持行动，在此时此刻，我们的想象力如脱缰野马。

我们无法责备自己想预知未来的想法，但是在心里一再重复医生向你道别时的话，尽力从中找寻线索了解检查结果，可能不是让自己做好准备的最佳方法。我们要如何才能快速回到现实？我们需要对着焦虑按下静音按键，重新判读情境，以了解实际上到底发生了什么事。当你因为一件事而感到沮丧或焦虑，就等于是神经系统的快闪族一下子集结在一起，引发出一连串可能会让人担心的连锁反应。忽然间，一切都不再清晰，不知道问题是什么、不是什么，当每一个可怕的想法听来都如此有说服力且极为重要时，更是如此。在这么多坏消息重压之下，你的心情也跌落谷底。

有人引述爱因斯坦的话，据说他说过如果他仅有一个小时可以用来拯救全世界，他会用五十五分钟来定义问题，然后在解决方案上花五分钟。一旦我们把最初令人害怕的认知收拢，一直缩小到手边的问题，答案通常变得很明显，而问题也能快速解决，这是真的。你越是把焦点转移到想象中的大灾难上，越是让自己在解决实际问题时少了改变的弹性。而且，如果这些问题还很神秘鬼祟，暗暗困扰着你，那么你会感觉一直会有什么东西不断触动你的焦虑。重要的是在焦虑的混水中捞出实际问题。借由慢下来、找出最能配合眼前情境的最准确且最适当诠释，你可以让自己免于受这么多苦。

通常，对于以问题触动的焦虑风暴，真的问题都小到让人意外；但即便真的有比较严重的挑战，如果能仅处理最浓缩的核心问题，我们也能实现更高的成效。我们需要把恐惧的范围不断地缩小，一直到辨识出真正的价值或真正的利害关系为止。焦虑可以做大梦，并据此创造出沮丧，但这当中反映的并非你生命中实际发生的事。不管你要面对的真实挑战是什么，请记住，焦虑说的故事版本通常都是错的。

搜寻独立事件

当你产生负面想法时，大脑会把你碰到的障碍、错误、失望和丧气，记录为代表“一切都完了”的信号。对外部的观察者来说，他们看到的是你开会迟到了，或者是你募捐活动上做介绍时有点口拙。但对你来说，这些场景引发了可怕的连锁反应，让你一整天都很难过，甚至让你接下来的日子很难过。现在的问题不是有一件事情出错而已，而是这件事引发了连锁反应，就像是停不住的骨牌不断倒下，让你想象你的未来必定黯淡无光，你的名声一定会因此变糟，你的发展机会也将因此受到影响。但等等，以独立事件来说，实际上到底发生了什么事？关键是，要把问题缩小，从“所有事都永远完蛋”回到“或许发生了的单一事件”上。毕竟，这当中可能有些是你真的需要学习或据此改进的部分。

你早已知道如何具体行事

我们都会定期运用这套“收窄范围”的技巧。比方说，当我们最钟爱的咖啡店煮出一杯不太好的咖啡时，我们不会想说：这里真是烂透了。我们只会说，煮咖啡的师傅今天心情不太好。具体行事，代表你不会只凭单一事件就改变你的理论。你可以区分出趋势和极端值或例外之间的差别，并将出了错的事情范畴限制在眼前的情境中。

面对他人的恐惧时，我们在具体行事这方面通常都表现得很好，但一说到我们自己的情绪，这项技巧很快就被抛到九霄云外。当朋友来找你，说她因为未来将要发生的事件而感到焦虑时，比方说派对、婚礼或是她的第一个宝宝要出生了，你可以看透她的焦虑，看出她是为了什么而转个不停。你知道如果她可以平静一下，就能把这场看似天大的风暴收拢，放进一个小巧的茶杯里，那时她就可以告诉你她真正害怕的一件事。在这一章里，我们会检视如何让你自己培养出这样的技能。

恐惧缘于太模糊（比方说，我很害怕而且我不知道为什么会这样），或者太广泛（比方说，如果一切都没用怎么办？如果我一败涂地那该怎么办？）。要让你的焦虑恢复到适当的规模，你要把最初天大地大的反应收窄到直指问题的核心，先去看看这个问题是不是确有其事，然后再找出克服恐惧的方法。面对恐惧时如果你停留在天马行空的阶段，你会觉得无助，根本解决不了问题，而且这股无助对你而言会变成一个信号，昭示着你的问题其实是你很无助。但其实这不是无助，只是因为你并没有踏入你可以使得上力的框架里，放在现在这个框架中的问题规模太大。

面对未来时要具体

问问自己

- 实际上你在害怕什么？
- 在你想象中会发生什么事？
- 你有多相信会发生这件事？
- 你认为还有哪些更可能发生的其他的事？

面对过去时要具体

问问自己

- 过去发生的独立事件是什么？
- 你害怕的结果是什么？
- 你真的认为可能发生的实际结果是什么？

感受自我实例

克丽斯汀娜进来接受问询，一屁股坐到沙发上，开口就说：

“我根本没有朋友！每个人都只在乎自己，一点都不体贴。我是说，他们知道因为我妈生病，现在我很难熬。我和他们完了！”

因为我们之前就谈过这件事，因此我回答：“喔，不要这样，等一等，最小的箱子，最小的箱子……”而克丽斯汀娜也能够从头开始，找出真正的问题。她之所以觉得孤单、沮丧而且焦虑，在于她很清楚现在和大家断了联系对她来说不是好事。在试着收拢问题，回到压垮骆驼的最后一根稻草时，克丽斯汀娜可以看出，她去找的其中一位朋友太忙，当克丽斯汀娜非常需要她时，对方没有办法抽空与她谈一谈。

当我们进一步详细检视这些箱子，以便把问题收窄时，发现最终的问题是克丽斯汀娜并未对她这些密友说出到底她发生了什么事。克丽斯汀娜需要和一两位好友聊聊她妈妈的情况有多糟糕，而且她可能需要她们伸出援手。因此，事情一开始时是克丽斯汀娜对人性失望，到最后缩小到在很难受的时候暂时放弃一位朋友。现在她以主动自信的态度想出了一套计划，避免以后再发生同样的事。

克丽斯汀娜从觉得无助开始，到最后具体找出她可以做些什么。她可以说：“我其实觉得他们都会支持我。”当你可以在放弃你的整个人生与放弃某件出了错的事之间做选择时，请想一想比较小的这一边。暂时放弃你可以修正的最小事。

要做到具体行事的关键问题

- 我最担心什么事？
- 我到底想象会发生什么事？
- 这件事发生的概率有多高？
- 实际上我相信将会发生的是什么事？

- 我可以采取哪些步骤，以确保不会发生这件事？
- 比较可能出现的结果是什么？
- 我需不需要做哪些事，以刺激出可能出现的结果？
- 每一件事都让我有这种感觉，还是只有这件事？
- 这是暂时性还是永久性的问题？
- 有哪一部分是我可以控制的，哪一部分又在我控制之外？

你真正害怕的是什么

在儿童故事《四眼天鸡》（*Chicken Little*）里，这只四眼天鸡拥有古代英雄的性格。当他觉得有什么东西掉在他的头上时，他深信自己一定得去拯救全世界。他马上得出最糟糕的结论，认为天掉下来了，这个世界快要毁灭了。故事的最后，当他可以让自己回到最初的事故发生点（有东西掉在我头上了）时，他才看清楚所谓的灾难不过只是风吹下来的小树枝。你不要想象，不要用尽你的全副精力为了模糊不清或极不可能的情境预做准备。你越是聚焦在正确的事情上，你就会感觉越美好，也就越能为人生做好准备。

缩小恐惧

恐惧愚弄我们，让我们相信问题比整个人生还大。当这些花招出现或混乱发生时，你必须能区分出来，而且你不要假设这是真的，反而要去解析真正放在你的焦虑箱里的是什么。以下这套策略的重点就在于如何将事实从焦虑当中分出来。

策略一：从“如果发生这种事该怎么办”到“实际上发生什么事”再到“还有什么事”

在医学院里，当面对病人一长串的病症时，学校教这些医学生要先想到最可能的情况（链球菌咽喉炎），而不是最奇特或最不可能的疾病（疟疾）。要记住，处理发生概率极低的情境无法保护你，也没办法让你做好准备。当你为了还没有发生的可怕后果而感到痛苦时，你本来大可以做好准备，去因应那些可能发生的事，或者更好的是去防范可能出现的问题。

请去做第二章中的一对一比较演练。拿一张纸，在中间画两条线。在第一栏写下“如果发生这件事怎么办”（最糟糕的情况），中间则写下“实际上到底发生什么事”（事实），第三栏则写上“还有什么事”（你认为最可能发生的事）。第一栏里的内容，比较像是黑暗里有东西会跳出来的鬼屋孕育出来的情节。第二栏和第三栏则比较像是从在明亮会议室里和智库讨论出来的结论，而你的名字也列在其中。

策略二：对抗“若非全部就一无所有”的思维

具体行事与缩小焦虑的范畴，代表你要准确地评估你承担的风险水平。我们常会说一些话，诸如：“我不知道到最后会怎么样”，或者“我不知道我现在要做什么”，这样的说法让命运的乌云铺天盖地、完全不受限，但事实上你可能有一些概念，大略知道你要做些什么，或知道将会发生什么事。危险的声音会让杏仁核一直打开警报，错估风险也会累积焦虑。

整理无边无际的风险，利用一到十的标尺，缩小其规模。给风险一个数值。风险存在，并不代表一定是大风险。数值出现时，你大脑里的逻辑部分就动了起来，这会关闭焦虑的部分。

我们还会被另外一套思维拉进焦虑里，那就是想着除非一切都很好，否则那就是不好：如果我这件事做不好，那代表我什么事都做不好；如果她在这方面无法了解我，那代表她什么也不了解；如果我的朋友没有邀请我参加派对，那代表我根本没有朋友。请用一点你在第二章中学到的“有些酱料罐”，并且谨记，当有些事不顺利时，通常还是有些好事。请看看这些好事。

策略三：将叙述转变成问题

“我痛恨我的人生。一切都糟透了。我什么事都做不好。”说完了，结束。但真的是这样吗？有个方法可以取消你之前得出的结论，就是把这些宣告变成有待诠释的假说或问题。我真的痛恨我的人生吗？或者，我只是对现在发生的事感到不满？我为什么会有这种感觉？我真的觉得我什么事都做不好吗？或者只有这件事，甚至是几件事让我现在觉得倍感挫折？

与其和自己争论，提出问题可以让你进行比较有建设性的对话。如果你发现自己的答案都是负面的，那么就像拒绝他人协助的孩子一样，不代表你对于人生的看法是正确的，而是现在时机不对，不适合你和自己对话。勉强去做，将会没有好结果。我们可以对自己说：“你等一下会回过头来，再试一次。”

策略四：矛盾的做法——为了收缩而开放

有时候，要能从某个情境中退出并找到观点，最好的方法是离得远远的。想象一下你去参加一场派对，而你完全忘了主管的丈夫叫什么名字。你马上看到自己落入羞愧与无能的黑洞里。“这里有这么多人，我却刚好忘记他的名字，但她现在会拿这件事来针对我。我看起来真像个傻瓜。”这些最初的想法抓住你不放，要知道，你被绑在这种糟糕的感受里越久，你就越不可能解决眼前的困境。

与其让这股羞辱和个人攻击慢慢沸腾，你可以选择强力给这种想法加热、放大，然后看着这种做法更快速地突破想法当中的支点。这种技巧叫“泛滥”。矛盾的是，让自己沉浸在恐惧或尴尬当中，你反而可以更快跳脱出来。听起来很奇怪吗？现在就拿一件你觉得很不安的事来试试看。你全心投入其中，故意不成比例地夸大你的错误会造成的结果。没有什么比荒谬无稽更能打开大门，迎向理智与理性的了。我约会时将会完全手足无措，我一定会什么话都说不出来，那时一定会出现人类有史以来约会时的最长沉默时刻。我的表现一定可以赢得奥斯卡奖——“最尴尬表现奖”。就像你用文字信息去侦测计算机主机的反应一样，实际的情况将会出现在你面前：事情不会这么糟糕。

“泛滥”这套做法中有一个非常重要的逻辑重点，那就是在你真的完全“到位”之前，不可停下来。回想那个系统减敏感法，运作原理就像冷水游泳池一样，它会让你觉得不太舒服，一直到你调整好了为止。比方说，你觉得自己是一个糟糕透顶的母亲，因为你认为自己害你的小孩成为唯一一个没有及时把参加学校话剧表演的道具准备好的学生，因此没有赶上化妆舞会排练。你可以花上一段很长的时间不断地反省自责，试着用不太成功的方式说服自己情况没有这么糟，或者你也可以把程度加深，对自己说：你是全世界最糟糕的妈妈。在最初的自怨自艾阶段过后，你会开始想：我为什么要对自己说这种话？这真的是我害怕的事吗？支点崩塌了，这些话听起来变得荒谬。你解脱了。当你回归到总结一句话的环节，比方说，得出“好吧，我今天是年度最烂老妈”这样的结论，通常可以缩短未来的焦虑时刻。

罗夫的完美主义对他在写学校报告这件事上有所妨碍。他会检查每个字，认为他做的一切都不够好。他先尝试用理性的方法，一再地向自己保证他有才华，并强调报告只是大学生涯中诸多成就当中的一项。这样做没用。在完全反其道而行时，我们想出了一句话：莎士比亚读你的报告也会吐，你的报告就是这么糟。这样的无稽完全打破了他的恐惧。他的写作功力并不糟，他需要的只是强化写作效率而已。从此之后，“莎士比亚也会吐”变成一个让他放手去做的激励概念，使他破除恐惧，回到现实，但加上了一点点的轻率和不在乎。

策略五：不要反复迂回：不要让焦虑从一件事跳到另一件事上

焦虑是磁铁，会引来其他焦虑，并不断扩散。你或许可以应付得了一个焦虑，但是绝对处理不了一大堆。许多年前，我从公共电台听到一个广播节目，主题是要如何维持一个整洁有序的家。专家告诫听众要小心应付她所谓的“反复迂回”现象；从一个地方摸到另一个地方，但始终一事无成。说到焦虑，在这种反复迂回，或是我另一个病人说的“跳跃式焦虑”状态下，你的心情会从“我要拿我的体重怎么办”到“我要拿我的工作怎么办”再到“我的孩子够快乐吗”。这种状态同样无益。与其让目标不断浮动，你不如把所有的焦虑排好，一次应付一个。确定你最强烈的恐惧是什么，然后不要让它不断移动。

策略六：抛弃绝对性的说法

“你绝对没办法把这件事做对。你永远都会把事情搞砸。根本没有人在乎你。”虽然负面想法不可靠，但它们却用牢不可破的宣告来施展权威。请记住，这些说法都是全世界所有人的最初想法。不要让“绝对、拥有、任何人、每个人”这些字眼害你绕大圈，当你听到这些词语时要把它们当成线索，回头看一看，找找看真正值得你去注意的那件事。

心理学家马丁·塞利格曼（Martin Seligman）指出了用负面思考来拓展其影响力的三大特质。分别是：第一，让问题或事件看起来变成永久性的。比方说，晚餐烧焦并不代表你今天的表现很糟糕，这样的想法太理性。负面想法会说这代表你根本就是一位手艺很糟的厨师。第二，负面想法会让问题看起来更广泛。比方说，你不仅是一个很糟糕的厨师，而且你这一辈子都无法把任何事情做好。还有，第三，负面想法会让问题变得“和个人更相关”，把错误硬安在你头上。比方说，电话铃声响起时你正在煮饭，而且你三岁大的小孩正在重排你的清洁用品，这些都不重要，重要的是你这个人无能，这是一场灾难。但塞利格曼说的这三大特质，绝对不是寻找事实的方法，因此你需要其他工具，而以下的练习则可以为我们提供必要工具。

处理永久性——问题只限于现在，而非永远。当你发现你利用预期下一次也会失望来抚慰自己当下的失望，比方说“我为什么要这么努力工作？反正也没人会欣赏我”，此时，你就已经落入了将“暂时”标示为“永久”的陷阱当中。虽然说我放弃，就这样了，我永远也不会再尝试了这种话可能会让我们暂时好过一点，但真正能让我们觉得好过的只有事实：事情会变，我们会随之调整。

度过上任新工作的第一周，佛瑞德判定他绝对做不好这份工作。他的前一份工作是在学术界，现在则任职于制药业。他的焦点放在一场让人失望的员工大会上，当时他无话可说，没有任何贡献，而他也因此准备提出辞职。他对我说：“在这种企业文化里，绝对不会有人听到我的声音。每个人说的话都和我不一样。我绝对无法创造出不同的局面。我总是碰到这种事，这也是我之前离职的理由，现在又发生这种事了。”

当我们具体去看时，佛瑞德可以了解，在上一份工作中，他拥有影响力，一旦他没办法造成影响，他就会觉得很沮丧。这种情况偶尔会发生，但不是像他一开始感受到的——这种事一直出现。检视他接下工作后最初几天的情况，他也看出，他在小型对话和会议中仍有影响力，因此问题并非全面性的。

最重要的是，他理解了自己希望马上就能拥有影响力的期望对于任何新职务来说都不切实际，不管任何领域都是如此。当他把问题范围缩小时，他判定他需要有耐性。在一场会议中担任称职的倾听者，并不表示他就没有贡献。他是这个企业文化中的新进者，他会适应这里的文化，他只是在这个主题上无话可说而已。他不用放弃自己或这份工作，他可以把问题放进最小的箱子里，并说：我需要仔细观察，并学习这个企业文化的规则，这样我才能在其中如鱼得水。

处理广泛性——枯萎的是一片树叶，还是一整棵树？想象一下，如果你发现家中后院的大橡树叶片上有几个黄点，你不会请树木专家锯掉整棵树，比较可能的做法是，你会拿出一些关于杀虫的解决方案，比方说放出一群瓢虫吃掉造成问题的蚜虫。没错，真正的问题是在那棵树上，但问题的规模很小，而且可以解决。树根、树干以及树枝都仍各司其职，是这棵树不可或缺的一部分。同样地，当你担心、失望时，你会觉得这些独立的事件仿佛流进了人生的根源。这是你在当下对自己说的故事，但这并非现实。当你面对这类情况时，请想一想这棵树，并且就像专家一样去诊断出问题的所在，圈出源头；是一切都完了，还是只有一些东西不对劲？问题真的如此深入不可撼动，还是你觉得是这样而已？

现在，如果你看到的问题是一片树叶，但因为其他人给你的信息或基于你自己的经验，你觉得真正的问题应该更深入，你可以试着把这道弯曲或瑕疵想成和树木的其他部分无关，或者把这想成礼物，而非威胁。就算创伤事件的印记在你的过去留下了伤痕，但一直以来你仍继续成长，早已经超越了它们的影响力。

要问的问题

· 这是永久性的还是暂时性的问题？

· 你是真的总是碰到这种事，还是你感觉如此而已？

· 未来也会发生这种事，还是只有现在而已？

处理个人性——当事情出了错，我们会假设是自己的错。当别人对你不好，或者不如你的预期，你会认为他们是故意用这种态度对你这个人，因为他们不喜欢你。有没有可能是因为他们太忙或是心情不好？当情境的发展不如预期时，你可以把整件事切开来，看看哪些部分是出于你可以控制的因素，哪些部分是其他人造成的，又有哪些部分是谁都控制不了的。

就像以下的范例，你或许会发现，对，没错，你很累，你本来可以准备得更充分的；而你的主管并没有好好回应你的想法，主要原因是她很忙，而且你在嘈杂的走廊上奔走时对她说明这些构想。在你得出结论，认定你无能或主管对你的想法不感兴趣之前，先找找看导致当时结果的因素中有哪些是和你无关的部分。这样做会帮助你更准确地评估自己，而且，你也会从中得到收获：当你下一次想要跟主管报告想法时，你会预约时间坐在安静的会议室里谈，而且前一晚要好好睡。

要问的问题

- 是一切都不对劲，还是只有某些事情不对劲？
- 哪一部分发挥作用了？
- 哪一部分没有成效？

策略七：回到独立事件上

我们都会跳过推理，跳到结论。“这家咖啡店臭死了！”为什么这么说？“桌子很脏，而且他们的巧克力面包卖完了！我再也不会来了！”你完全不管这是你最爱的咖啡因补充站，而且你每天都在干净的桌子旁边享用巧克力面包，还有，毫无疑问地，你明天将会再度大驾光临。但今天，你受够了。“我没有帮主管准备好他要的数字，他一定认为我懒惰且无能。他一定不会再信任我了。”你忘了百分之九十五的时候你都准备好答案等着他问，而且享有公司内最认真负责员工的好名声。

在你心里，你没有犯错的空间。这百分之五的失误，盖过了过去你在工作表现上的成就。若要把自己和异常性逻辑阻隔开来以减缓冲击，你需要在惯用词语中加上一些时间词，比方说糟糕的一天、糟糕的一刻或是互动不顺畅等，并问问自己，你真的是一个糟糕的员工，或者目前的问题只在于时间不当？

策略八：用红笔编辑

就像我们在探究负面想法三大特质时看到的，这些负面感受都是从专注于扭曲与误解特定模式的心理工作坊里制造出来的。如果这部机器里装的原料是我们一整天碰到的缺点、错误和失误，另一端制造出来的必是痛苦悲情的故事，你就是那个悲惨的主角，永远都会做错事，绝对没办法把任何事做好，而且会毁了一切！请拿一支红笔，改一改你心里的想法，或是把你的想法写成书面清单，并重新撰写这些旁白说明。把绝对性的词语删掉，并从你的新词库里选择一些新词语。一旦你完成编辑，筛掉绝对性词语并加入事实，你就可以重读想法，并松一口气。

也要正确地看到正面事件

“你在这场演讲中表现得很好！”

“喔，没有啦，这没什么。有很多人帮我，我以前做过，而且我运气好，说真的，我的猫帮我做了大部分的工作。”

这些话你都听过，甚至你自己也说过。你可能也试过，但你就是无法把有些事情能顺利开展的功劳归到自己身上。当事情顺利时，你不要把这些成就当成侥幸，你要深入追踪哪些做法有效，把这套流程当成一套计划，并且一再重复。这是说，认同你的成就不仅在于表彰你的成功而已，也是强化你过去实行因而能获得今日成就的行动，好让你下一次能再度成功。

有时候当你实至名归时你也不愿意居功，因为你害怕如果这么做，会让他人对你有更高的期望。如果你宣称你的成就是意外，别人就不能拿同样的标准来要求你的下一次表现。你宁愿让大家因为事情顺利而感到惊喜，也不想让他们因为怀抱太高的期待而失望。但这是假设事情会不顺利，也是把焦虑反应纳入你的说法当中。在这样的过程中，你失去了能准确看待自己的能力。

另一个障碍是，你担心居功即代表着浮夸。不是的。夸大成就，故意去刺别人的痛处，并且说话夸大不老实，这叫浮夸。把事情做好而将应有的功劳归于自己，却是一种值得培养的技能。请从某些世界上最出色人物的第一手专访中学习，听听这些奥运选手怎么说。请注意他们不会得意扬扬，并注意他们会说得多具体。他们绝对有权利自夸自大，但是他们不会这样做。他们会谈到细节和策略：我很努力去调整我的速度，我的双膝一直并在一起，我很注意转弯。当他们说恭维自己的话时，会参考事实，例如：

我很努力。

我很喜欢我现在在做的事。

这个计划对我来说意义深远，我乐在其中。

这是我的优势之一，能在这种情况中善加运用，是一件很棒的事。

不要指派自己去做让人害怕的工作，解决你一开始响应不重要事件时蹦出来的焦虑或怀疑，因为这些都是天大地大的问题。我们已经看过，你可以减轻自己的工作量，不去担下全世界的不可能任务，而是把问题缩小为手边的实际议题。当你坚持下去，能够具体辨识出正确的信息以了解实际上发生什么事，你将会找到你能做的事。有时候，你面对的焦虑不只是日常生活里的障碍，你可能会质疑，以你所处的情境规模来看，减轻你的负担是否为适当之举。请记住，特别是当你处在真正的挑战当中时，比方说意外、损失或疾病，你能为自己去做的最好的事，就是减轻负担。找出最需要你去关注的具体焦虑，才能把焦虑的重量从你早已经不堪负荷的肩头放下，让你发挥最好的自己。

要问的问题

· 这件事的重点是完全在我，还是跟我无关？

· 事情变成这样，责任是在我身上吗?

· 哪些部分是别人（主管、配偶、性情乖戾的小孩）应该负责的?

· 哪些是不管是谁都无法控制的（下雨了，我们取消野餐）？

新词库

有时候、有些事、现在、此时此刻、这一次、尚未、以现在来说、偶尔、很少、一部分的成就、这个部分。

戒除焦虑实例

中年转业需要极大的魄力，也需要良好的具体行事技能。芮妮担任教师，是因为她的双亲也是老师，而且她自己也很喜爱这份工作。但商业世界却不断地轻轻呼唤着她。当她知道可以利用晚上与周末时间完成企管硕士课程时，她就去报名了，很快开始上课。

第一堂课是模拟商业谈判，芮妮的表现很糟糕。和其他商学院毕业的同学不同，芮妮从来没有受过这类学术训练，没有体验过不让他人了解自己计划的文化。反之，她过去学的是，身为教师的目标，便是要帮助学生达成他们的目标。她很丧气，准备要退学：我不适合这个领域，这真是大错特错。我绝对做不到。如果我连一个简单的练习都做不来，我面对客户时也绝对做不到。

出了什么错？因为把重点放在感受上，芮妮觉得非常无助。在仔细谈过并做过树根—树干—树枝的练习之后，她能重新调整焦点，看到需要她关注的那一部分问题。芮妮看出，她的演练之所以失败，并非在于出了什么根本上的错误或是她有什么不足，而是在于这对她来说是新东西。她领会到这是一次很棒的学习经验，因为当中阐释了她在上这些商业课程时为何需要改变方法。她和学生相处的经验，她日后和客户相处时可以随时应用。但现在她需要学习新的词汇和新的原理，而这也就是她得留下来研读这套课程的理由。

试试这个

每天都学着从小处思考

通过演练将日常的恼人问题缩小范围，以便放入最小的箱子里这套训练，你的大脑将会养成习惯，当重大挑战出现时，也会善用这些技能。星期一早上你冲进自己的车子里，把咖啡洒在椅子上（和你自己身上），你想着：这真是太好了，用这种方法展开一周的生活真是美好啊！现在我一整天都毁了！别这样；你要激励自己，坚持不懈地把所有箱子都想过一遍：这真是一个糟糕的日子，这真是一个糟糕的早晨，这真是一个糟糕的时刻，这只不过是咖啡杯设计不良的问题，或者甚至你可以想：我如果把盖子盖紧一点就好了。你会发现，当你一路往下走，把发生的坏事的定义缩得越来越小的时候，或许实际上真的没有这么糟糕。

利用夸张法从小处思考

要让大事化小，最快速的方法通常是先把这件事拉到非常荒谬夸大的地步，然后让它自己弹回来。想一件让现在的你觉得生气的事：汤是冷的，洗碗槽里的碗盘堆得像山一样高，或者客人的小孩粗鲁地对待你。现在，把这些想法放大：“这些小孩是我这辈子见过最粗鲁的小孩了！他们的家长呢？他们的行为简直就像野兽一样。”这样的荒谬无稽可以帮助你弹回现实：“不，实际上，我只需要提醒他们说谢谢而已。”

现在拿一件与你自己关系更密切的事来试试看：比方说，你的自我批评。“我是全世界最糟的老爸，我星期六下午宁愿去打高尔夫也不愿意陪小孩。我是自私卑鄙的家伙，宁愿打高尔夫也不想看恐龙卡通；其他的爸爸每一次都会选择看紫色小恐龙。”回传来的现实是：“好吧，我懂了，我只需要规划一下，特别拨点时间和孩子相处。”把你手上这条恐惧橡皮筋拉大，然后看着它弹回原本的状态。

6．解决方案不止一个且无须立即制定

一旦你开始分得出来一切都是编造出来的，你就可以创造出一个地方，在这里，每天的例行公事就是要编造新东西。我们把这个地方称作“可能性之地”。

——班杰明·山德尔与罗莎姆·山德尔

《A级人生：打破成规、发挥潜能的12堂课》

让你的人生拥有更大的空间

在上一个步骤中，你缩小了你的问题，并学到不要让自己因为焦虑投射出来的巨大阴影而分心或害怕。接下来，我们要跳脱的是，别再想着只有一种解决方案可以让你脱离这个问题，而且这个解决方案要马上出现。

在焦虑里打转或是陷入失望的死胡同时，对于如何离开这样的局面，我们通常会浮现单一、狭隘的想法：如果我能找到新工作就好了，如果我能赚更多钱就好了，如果我能通过考试就好了，如果他打电话来就好了，如果我能再少个五公斤就好了。或者，对于目前情境中发生的事，我们可能只有一种诠释：如果我无法公开演讲，我绝对无法在这个领域里有任何进展。救生艇越窄，这唯一的救赎之道要承受的压力就越大。你越是觉得这唯一的解决之道现在不太可能出现，就更加别无选择。这样不是在缓解焦虑，而是反过头来增加焦虑的程度！

替代方案是什么？选择、选项、可能性、第二种意见。你没看见这些东西，并不代表它们不存在。找到最佳做法，是拓展你的视野与观点的好方法，重点在于扩展思考，创造出更多让你可以踏出下一步的方向。你能否仍坚持你想要的那个解决方案？可以。但一旦你开始创造出其他可能性，通常你会发现你已经放开了最初的坚持，因为你看到了更好的事物。你要不然找到了之前想都没想过的解决方案，要不然就是觉得压力变小了，更能够看着船到桥头自然直，现在无须先知道什么。

要做到这样的境界，我们必须确定听来很怪异的“不幸福的舒适区”（矛盾的是，正是焦虑带我们进入这里）：“事情就是这样了，我无法改变我的人生；如果我做不到这件事，后面那件事就永远不会发生。”要跳出去，才能接受“事情真的会不同”的可能性。缩小问题是一件好事，但是缩小解决方案的范畴就没这么好了。让你的心灵努力运作，扩大、加大可能的反应，是我们要达成的下一个目标。

你知道如何找到最佳做法——预期有选择：多即是多

你焦虑，代表你被困住，仅用单一的方法去检视情境。找出一个根本做不到的问题解答，会让你觉得虚空，消耗你的精力，而且几乎毫无价值可言。相反地，找到最佳做法看重的则是弹性。恐惧会让我们的观点变片面，基本上也缩小了我们的眼界。花点时间看看存在于外界的不同诠释、信息以及概念，从我们认知中的困境转移，会让我们得以跳出框框。与其急着寻求快速但实际上并不恰当的解决方案，不如通过寻求最佳做法，确保恐惧不会让我们失去许多既存的可能方法去理解情境，不会错过许多我们可以选择的不同方向。

想象一下，你走进一家油漆专卖店，你要替自己的卧室找一种晴空蓝，店员拿了一罐油漆给你："我们只有一般的蓝色油漆。"就这样？什么？没有绣球花蓝？没有爵士乐手戴维斯泛泛蓝调的那种蓝？没有土耳其蓝？你是说没有办法提供40种不同的蓝色油漆让我选择？人生中，很多时候你不会轻易妥协，尤其不会妥协接受第一个出现的选择。你的天生本能是要去找出一堆选择。在这个消费者拥有下拉式选单以及无穷无尽选择的时代，你可以坚持你的本能。因此，你不需要屈服于焦虑对人生的急迫、压力式反应之下，这种反应是出了名的不可靠，而且限制多多。事实上，人类天生就爱选择，如果当我们处在激动状态时也能召唤这种天性，将会产生更让人满意的成果。

如果你给幼儿一个玩具，他可能会马上挥开。但如果你给幼儿两个玩具，要他们从中选一个，你会忽然变成英雄。研究人员希娜·艾恩嘉（Sheena Iyengar）在她的著作《谁在操纵你的选择：为什么我选的常常不是我要的？》（*The Art of Choosing*)里解释，我们想要选择的渴望，是与生俱来的。她提到一项研究，当一群四个月大的婴儿没有办法自行操控他们要听的音乐时，他们会很沮丧，就算当别人替他们操作以让他们听到同样的音乐时也一样。

我们都想要能操控，如果主题是我们自己的想法，那确实是我们可以操控的，你只需要有意愿超越初心，创造出一些别的。转念代表的是不同的想法。

找到最佳做法的关键问题

· 我可以用哪些不同的方式来判读情境？

· 如果我不带着恐惧来判读情境，会有何不同？
· 我还能去找哪些人，借用他们的观点？
· 还有哪些不同的方法可以解决这个情境？

等待它

当在某个情境中被困在十字路口，或者处在和某个人的冲突之中时，我们很难有耐心。耐心来自你愿意从不同的角度看问题，在确定一个最佳的方案之前先检视诸多解答。

从被困住到有选择，这个过程会在神经反应上引发滚雪球效应，带你从红色警戒区走向绿色安全区。即便所有的选项你都不喜欢，光是知道你有选择这件事，就会让你觉得好受一点。找到最佳做法的重点，在于超越脑海中想象的大灾难，让心智的其他部分举手发言，创造出选项。但要记住，你不用过度延伸，去寻求不可信的正面想法。光是得到准确的想法就够了，这些已是足以帮上大忙的想法了。要明白，你并不需要负隅顽抗。现在该要抱持好奇心，并敞开大门。

想象一下，你不用撞破头奋力抵抗让你无法发挥最佳状态的想法，反之你实际上可以拥有一个宛如更衣室的大型选择库。你不用选择让你觉得自己很糟糕的想法，反之你可以找到十件能巧妙融入你人生的事物。

如果你现在没有办法想到有哪些选择，并不表示选择不存在。你可以停下来，想一想简单但契合当下的基本想法：“我有选项，我有选择。”大脑将会学到新的习惯广泛去思考，当你在苦苦挣扎时，这些选项会更快出现在你眼前。你会重新训练大脑，从封闭的心灵里走出来，转向开放的心灵。

玛芮安一直很担心别人和她在一起的时候并不开心。凭借极少的数据（稍微没这么热烈的招呼、被人打断的对话），她会强调她是如何冒犯了别人或让他们感到愤怒，以及她有多需要去改变。她一直处在压力状态之中，因为在和他人互动当中她总是心存疑惑，或是感觉到胃里面出现一股可怕的感觉。

我们替玛芮安编写了一份下拉选单，列出了各种会打断对话的其他理由，或说明人们为何会看起来很生气：他们可能在赶时间；他们可能经历了糟糕的一天，但理由和她完全无关；他们累了或饿了；他们只是用平常的语调说话而已；还有，没错，他们可能真的很难过，但这种状态和事情的本身都是可处理的。我们也编写了另一份选单，列出响应方式：心怀慈悲、带点幽默、问问看对方怎么了。这不仅帮助玛芮安在经历过这类人际互动之后能“处理”自己的反应，她也发现，在互动当中她也能够放松，行为举止也更流畅，因为她现在不用等待最后的判决。

如何创造选项：容许你自己四处看看

创造选项的方法之一，和观点有关：要给予你人生中正在发生之事的意义、结果和重要性不同的诠释。你一开始可以先做实验，用不同的方法来诉说你所属情境中的故事。

比方说，有个朋友让你失望了。请用选单式的方式来思考：这件事是令人发指、有欠考虑还是令人遗憾？你的感觉是愤怒、受伤还是失望？举例来说，如果你拒绝学校请你去担任园游会义工的要求，然后非常担心你因此变成不合作的家长或是别人会批评你。那么，请你挪一挪你的位置，站到不同的望远镜前，用各种不同的诠释来看这个情境：身为上班族，我很忙碌，或者我不想用这种方式帮忙，但是我可以用别的方式帮忙，或者我在生活里担任太多义工了；甚至你可以大胆抱持以下的观点：我很自私，我没这么在乎这种事，或者我真的很讨厌园游会，这是我最不想做的事！

试试这些选项合不合适，找出最适合你的。把这想成四处看看。你没有义务要买什么，但是知道自己有选择，是一件好事。有时候，借着让你的自我快意驰骋，你就会找到最适合的。

另一种创造选项的方法，是针对议题收集他人的意见，不管你是真的拿起电话请朋友或同事给点意见，或是仅在想象中征询他们都可以。

创造选项的第三种方法，是找出你的隐藏时间线。当我们判定某些事情必须用某些时间或在某个日期前完成时，常会觉得被困住了、别无选择。我一定要在三十岁前结婚，我一定要在三十五岁前拥有自己的房子。这些时间线是有助于完成目标，还是在对我们施压，在本来应该借由更有机、更自然的方式发生的事上强加硬性规定？把寂寞以及想要成功当成问题，还附加条件，坚持必须在时限之前解决这些问题，这种做法并不是在解决本来的问题，而是在增加另一个问题。当你能够把时限看成选项而非既定限制，其他的可能性就出现了。创造选项表示我们必须要以自己能控制的行动来思考，比方说，决定要去约会或为了买房子而存钱；而不是设定我们不一定能掌控的期限与终点，比方说结婚或赚到一定的金钱。

还有一种创造选项的行动，那就是用多重观点来看待有哪些事情需要改变。如果重大改变现在不可得，我们可以先把这件事放在一边，并找出可以引起注意的小幅改变。你的工作可能让你觉得很痛苦，唯一的解决方案是另觅新职。但在发生这件事之前，这幅拼图上还有其他部分可以移动：午餐时间去散散步、吃午餐、和同事之间建立起有意义的关系、在工作之外做出改变以提升整体的人生满意度。当你觉得“什么地方都好，只要不在这里就好”时，按下按钮，从自己当中跳脱出来。不知道你的解决方案在何处也没关系；你有选择，这样就好。

策略一：抱持开放态度：接下追寻事实的使命

我何时要去____？在你做了研究、找出答案之前，就让空白的地方维持空白吧。要找出答案，你必须将自主性的说法转变成问题：

我绝对没有办法在营销界找到工作。→想要在营销界找到工作，我要怎么做？

我绝对无力负担自己买一套房子。→我可以利用哪些不同的方式来负担我的房子？

我绝对无法自行创业。→我可以用哪些不同的方式来自行创业？

我绝对无法成为一个好母亲。→有没有什么是身为母亲的我现在没做但想做的事情？

变身之后，这些问题指向的是需要你去做些研究的新可能性，比方说，你要去上网，和其他知识渊博的人谈一谈，提出一套按部就班的计划，或者甚至是要和自己进行一次开放而坦诚的对话。有时候，找到最佳做法代表你要明白，你无法找齐所有需要的资源。此时，你要不就耐心等待这些信息，要不就要跳出来，继续探索。

找到最佳做法的重要词汇

· 我希望这件事如何进行？

· 可不可以通过其他的角度来看这件事？

· 如果我不那么焦虑，我会如何来看待这件事？

· 这件事如果发生在我的舒适区，会是怎么样？

· 如果我是一个更大胆的冒险者，这件事看起来会怎样？

· 在我最奔放的梦想里，这件事看起来会是怎样？

· 如果我不能用理想中的方式来解决这个情境，那我会怎么做？

策略二：咨询可能性小组

当同样的负面回馈不断地在你心里绕圈圈时，你如何能拓展视野，看到其他观点？想象一下你有自己的董事会，在你困难的时候，你想要寻求的，就是这些董事的观点、指引、意见，甚至是幽默感。你可以一对一征求他们的意见，或者，你也可以让你的小组自己去讨论这个情境，看看能得出哪些结论。

你希望小组里有哪些人？你睿智的老祖母？你的密友，还是你家的狗？从你踏入社会做第一份工作就担任你的导师的那个人？你最喜欢的电影角色？这个会议的美好之处，就在于一切都发生在你的脑子里。暂时踏出你自己钻不出来的牛角尖，仔细想一想其他人的意见，马上就能让你解脱。你若从这些值得信赖的顾问身上多得到任何知识，都是额外的报酬。

你也可以考虑去问一问你心中那位生了病的患者：你的冷静自我，它也应该有发言机会。当你的心不断地丢出同样的答案，反复说着你又失败了，这是一场灾难，你会搞砸的，此时，你就该听听其他的声音。

策略三：改变假设的权威

我不是做得到这种事的人；这不是我可以要求的；少了这个，我绝对活不下去……也许这些假设都成立，同样地，它们可能也都不成立。请记住，从你本来就有的围篱缝隙里偷窥另一边有什么，就像是你在购物商场里漫不经心地浏览一样。试试看不用付钱，而且你或许会惊讶地发现，看来奇怪的东西比你想的更适合你。无须对自己许下太多的承诺，你可以用以下的方式重新叙述你的既定条件：

· 假设我是那种可以做到这件事的人，对我来说，这件事看起来怎么样的？

· 如果我确实被要求要得到这个，我会怎么去做？

· 如果没有这个，我也能够活下去，我会改用哪些方法？

如果你够勇敢，可以提出这些问题，你或许就能从中得到宝贵的信息，了解你是谁以及你的人生需要什么。真正的风险，来自任凭恐惧阻止你探索可能性。

策略四：考虑走进新的那一道门

在英国喜剧团蒙提·派森的经典喜剧里，有一位谦虚的男士会走进一道办公室大门，想着他将要进行一次文明有礼的辩证讨论，但最后却被面试人员的言语暴力弄得遍体鳞伤。最后结局揭晓，他走错了门，走进了虐待办公室。如果他事前知道就好了。

走进正确的房间很重要。想象一下，如果你在慈爱办公室说出自己的焦虑，与在追悔办公室做同样的事，你的感觉会有多大的差异。如果你听到焦虑与绝望，也许是因为你也在无意间走进了错误的那一道门，你需要去找一个更适合的地方让你自己停下来，寻求好的建议。这项演练在晚间特别有用，你常会发现夜间时的自己被锁在焦虑的房间里，不得其门而出。替你自己打造几扇“门”，贴在你的床边、电脑屏幕下方或是冰箱下面——经常改变你的门。

策略五：从这里到永恒VS从这里到荒谬无稽

在上一章中，我们看到说出糟到荒谬的情境版本可以解开焦虑的桎梏。现在，我们要去看看另一个极端，那就是好到荒谬。借由进入正面到荒谬的境界快速绕一圈，你可突破负面的“最糟糕情境”想法，从中解脱，进入务实的“最可能情境”思考。拿一张纸，在纸上画上三栏，分别为：最糟糕情境、好到荒谬的最佳情境，以及最可能情境。比方说，当你要和婆婆见面时，你认为事情一定不会顺利。就按着你的想法走，想象出一连串的失礼失态画面，侮辱她的母校，吃她煮出来的东西时呛到，或者用错误的叉子取餐。之后，想象你的婆婆直视你的眼睛，对你说：“真不敢相信你这么幸运，能够进入我儿子的人生，你太棒了。”现在，唱针忽然停止，叮！好吧，你懂了，实际上可能不会发生这种事。但你可能已经有了一点点笑意，它替换了你的焦虑。喜剧性的解脱平抚了紧张，而你也从中了解到，当你吃完这顿晚餐、走出大门时可能没办法得到另一位知心好友，但也很可能不会出现大灾难。不管你把情境拉向哪一边的荒谬，都有助于放松你的思考，看到其中许多不同的观点。

策略六：快转到故事的结局

想一想最让你焦虑的情境到最后怎么了。我们会踢自己一脚或大声嘲弄自己，因为我们努力再努力，却（还好）什么事都没发生。快转到这个结果，问问你自己：如果这个问题解决了，情况会怎么样？这件事最后可能会有哪些不同的发展方向？到那时我有什么感受？你能不能从想象中的画面得出某些灵感，好让这个结局更早出现？明天你会怎么来看这件事？借用明天的观点，放到今天来思考你所处的情境。

策略七：转换镜片——全对与全错

要大胆，要积极。如果你决定把让你此刻如此痛苦的情境看作好事（就算只有一分钟也好），那会怎样？这样做会带给你哪些启示？现在你能看到哪些之前看不到的盲点？试着想一想，如果你把糟糕的情境改头换面，你可以如何利用当中的信息？有没有可能，你想象中的美梦就此成真？惠普计算机从车库起家，微软则在经济衰退时兴起。成功的关键，是要能够拓展，看出藏在诸多具有挑战性条件里的潜力。但你必须自己去找出来。

你要经常锻炼这些可以帮助你找到最佳做法的肌肉，下一次你发现自己在批判，想着："这个人不聪明也没有魅力"或者"他们家真是一团乱"时，激励自己用相反的观点来看情境。试着更仔细去看别人付出了什么，他们知道的信息和你知道的又有何不同，他们肮脏的碗盘和积灰的地板，反映的是他们实际上看重其他更重要的事情：他们全心投入工作、他们花时间和小孩相处，而不要去看他们欠缺的东西，比方说在这个例子中的不够整洁。我们不是因为拒绝承认缺点而拥有弹性，而是重新思考，看出这些证据是点出并未立即出现事件的证据，而不是缺乏与不足。学会这样的弹性可以帮助你成为一个不那么爱批判的人，也能帮助你看出所处情境中隐藏在缺失之下的东西。

策略八：放手，至少不要带着问题过夜

大部分时候，我们上床时担忧的问题，到隔天醒来时已经没有这么糟糕了。晚上十点时你觉得不可能克服的事，等到隔天早上六点起床时你已经忘得一干二净。当你睡着时，你的大脑就不会受到情绪反应的阻挠，就能自寻出路，跳脱迷宫。从中得到的宝贵教训是：不要为了想要找出问题的答案而熬夜。去睡觉，让你的心智在没有困扰的条件下自行运作，这样会更有效率。请提醒自己，不管你此时此刻有何感受，很可能几小时之后就烟消云散了。就像当你因为感冒躺在床上，看着洗碗槽里的碗盘，垃圾桶里的卫生纸都满出来了，还有一大堆脏衣服以及满满的信箱时，你也会对自己说，等你过几天好了一些，这些生活里该做的事看起来就会轻松一些了。现在正在发生的事，有多少比例是现在、明天、一周、一个月或几年后要解决的？

试试这个

你走进一个刚刚粉刷好的房间，看到墙上有裂缝，还有油漆滴在地板上，而且电灯开关有点歪了。这些观察都有用，但都不是完整的画面。现在，再走进去，看看这个房间里有哪些美妙之处，你最喜欢哪些部分。让自己养成习惯，能够让光明面和黑暗面一对一共存。你可以拿一张纸快速写下，纸的其中一边写上出了错的部分，然后在另一边填上好的或中性观察。要用同样尊重、重视的态度对待这两边。长期下来，你会发现你对于“错误”的想法完全不同了，而且你不再把事情判断成问题，而是把它看成不同的情境，或者谁知道是什么东西，没准有可能是你喜欢的东西。

策略九：易地而处

通常，压力来自和他人的互动。对方可能是很重要的人，比方说配偶、主管或家族成员，或是某个你再也不会见到的人，比方说超你车的驾驶员，电话另一头的保险公司职员，给你糟糕用餐位置的脾气暴躁服务生（对方是故意的，因为当时还有比较好的桌子空着）。你相信这些人是故意的，相信自己可以准确地判读他们的心思，你很清楚这是怎么一回事或是对方唐突的回应代表什么。你甚至会在全无数据的情况下自行解读，比如，当你没有获得任何人回应时：她讨厌我的提案；他想要和我分手；她真的在生我的气，不想要再和我做朋友了。

你是真的有第六感，还是你宁愿用自己的答案来填补空白，好让你觉得自己更能掌控全局？改变你的观点。让你自己和对方易地而处，并问问："这个人的行为反应有哪些部分可能和我一点关系都没有？"比如，这位编辑校稿的进度是不是已经落后三个月了？你那位写作经验不多的男友是不是正在努力追赶截稿期限？或许那位服务生因为没有好位置给重要顾客而被主管痛骂，或者坦白说，他根本不觉得那是好位置。我们可以拓展、转换并创造出比较冷静的柔性想法，以取代你最初诠释中愤怒的刚烈念头。

策略十：从害怕转为做好准备，从"如果发生这种事那该怎么办"转变为"如果是这样，那么我要这么做"

最后这项转变观点的策略，在你可能非常需要针对挑战采取行动时特别好用，在你想到"如果发生这种事那该怎么办"之后，变成"若是如此，我要这么做"。你不用困在那里，眼睁睁地盯着焦虑带来让人心惊胆战的观点，你可以去检视自己的能力并想出一套权宜计划。

如果我太太需要动手术那该怎么办？如果我儿子的学校无法应付他的学习障碍怎么办？如果我们必须搬离这个房子怎么办？如果这些事情发生了，那么，你可以采取哪些步骤？你还可以采取哪些不同的可能步骤？当备案计划可以给你带来平静时，你就不需要在不确定的情境中七上八下。这和因为担忧而团团转的情况不同，这种做法是利用线性思考继续往前走。请找来你的理性自我，坐下来，和你的情绪自我谈一谈。让你针对问题提出的周密、有计划的答案带你远离悬崖边，回到让你可以站稳脚跟的地方，从这里更能让你看清楚未来要做的事。

只有能和自己深谈，讨论做好准备这件事有多重要，才能放开一个固定的想法以换得十个不同的想法，你就能更快放手，更早找到更多解决方案。很多人都听过父母这样说："你越快把房间整理好，你就能越早出去玩。"你越能用开放选择的心态去回应恐惧与不确定性，你就能越快重新调整心智对于情境的既有响应模式。当你养成多找几扇门或几种观点的习惯时，你就不用特意去找选项。选择自会来找你。

戒除焦虑实例

塔莉雅觉得她的人生卡住了。她在广告公司任职十年之后脱离全职工作，组建自己的家庭，同时也希望这样做会让她有机会创立自己的事业。她是一位才华洋溢的设计师，但每当她想到要创办自己的公司时，她心里就浮起了障碍。她需要资本，她需要设备，她需要租赁场地。她和丈夫的现金全都流向房贷以及装修这栋需要大幅整修才能住人的房子。

她需要更多时间。家里还有两名幼儿，若要创业，代表他们要把孩子交给全天制的托儿所，她觉得他们付不起这笔钱。她对公司的想象，一直受到目前生活中现实条件的限制。因此她感受到一股焦虑。她真的能够好好创出一番事业吗？她越是进退维谷，越是感到焦虑，因为某种程度上，她知道她只是害怕而已。

塔莉雅觉得孤单，因为她多数的朋友不是在工作，就是幸福地待在家里，因此她觉得任何人都无法了解她究竟被困在哪一个点上。

我请塔莉雅在心里找来一群她尊重的人，并把她的情况说给他们听；之后，在下一次的咨询时，她可以告诉我她有什么体会。当塔莉雅再度回来时，我感觉得出来有些东西已经变了。她给我看的第一样东西，就是她替公司画的标志。

我问："发生什么事了？"

她说："这个嘛，我的小组是由历史上千百万位的职业母亲所组成的，她们完全了解我面临的两难。我了解到我的感觉很正常，而这也让我去思考，或许我给自己太多压力，妄想立刻所有条件都能就绪。"

塔莉雅继续说："我想到如果我祖父还活着，他会如何劝告我。他总是对我信心满满。他对我说，我不用想到太大的格局，我应该从小处着手。我之前没有这样想过。我一直以来的想法是我要一次完整创业，把这当成一件静态的工作，认为这里面要有办公室和一切条件才算齐全。我领悟到一开始创业时通常规模很小，之后凭借着广告和口碑，企业才渐渐成长。"

"用这种方式来思考，一切都变了。我开始画标志，我在阁楼清出一个空间作为工作区域，我思考可以在哪些地方打广告，去联络哪些旧识。我想，过去我想的是别人的工作或人生。我焦虑，是因为我知道那不适合我。现在我觉得自己正在寻找适合我的模式。"

快过四十岁生日时，泰德觉得很丧气，因为他的人生并没有按照他希望的方式发展。对于其他人来说，他非常成功，但他心里有一些自己设定的成功目标，还没有完成。他在二十几岁时想要得到的声誉以及卓越奖助金和奖项没能完成，这对于成功的泰德来说，代表了挫败感。他的焦点主要集中在要如何在现实中得到这些奖项，此举干扰他在每一项工作上的专注力，而这些都是可能为他拿下奖项的工作。此外，泰德怀疑自己的发展路线不对，他认为，他还没有达成这些里程碑，这代表他的人生犯了大错。这些都让泰德难以入睡，而且他对待家人粗鲁无礼，在工作上也倍感压力和焦虑。

泰德在自欺欺人，重点不在于这些奖项，而在于他在这一方面用尽心机。我们从质疑他的目标开始。这些奖项实际上对他来说到底有多大意义？得到这些奖项是他目前的重要工作，还是年轻时候的梦想？他根本不认识任何得过这些奖的人，获颁这些奖项的人非常少。后来泰德试着用不同的方式来说故事：我必须赢得这些奖项，否则的话我这一生就白费了，我想要获得这类认同，这会让我很自豪；如果我办不到，我就无法获得我应得的；我其实不需要获得这些认同，因为我就算没有这些荣誉，我仍热爱我的人生。

说出这些他害怕说的话，让自己得以拥有不同的选择，解决了这件事本身以及相关的问题，并帮助泰德看清楚真正适合他的是什么。当泰德愿意质疑他心里面某些“既定想法”时，他就走出了长期以来一直封闭着的空间。他爱他的工作，当他一直没让自己全心投入其中，而且没有完全善用他拥有丰富经验的优势，去和同事合作及指导学生。当他对自己悲观时，思及他自己的明师说过的意见，以及可能会对他的工作有何看法时，泰德明白，他必须回到他的工作上。这份工作最美妙之处，在于任何人都不能阻挡他的路，只有他自己，二十几岁时或许天真烂漫，但现在必须让其他部分接受他身上比较年长、比较明智的那个部分。

泰德无法获得这些奖项，这让他感到焦虑，但让自己重新投入工作，去从事他热爱的研究，是他自己可以做的事，而且马上就可以动手。同样地，去做这些工作能够获得多少回报不用等到未来某一天揭晓，马上就会出现了。

试试这个

可能性小组

有时候，光靠自己，你能建立的答案库很有限，打一两通生命线请求协助会很有用。你的可能性小组里有哪些人？想一想那些你认识的或者你想认识的聪明人。你可能想纳入名人、作家、激励人心的演讲专家或是明智的亲戚。这些人都是你的英雄，你的守护天使，是你尊重且信任的声音，可以给你明智的忠告与温暖的鼓励，或在必要时替你出谋划策。把这份名单放在你的书桌里，或者如果你敢的话，贴在你的书桌上。当其他人看到你的小组名单时，可能也会想要替自己编制一份。为能保有空间并维持一点弹性，你可以开放一个位置，保留给某位自以为是的家伙。这个扰乱分子可以用幽默的态度告诉你这又不是世界末日，让你能想清楚要做什么。

接受就好：敢于为自己创造出更多的喘息空间

当某个情境让你觉得低落或压力很大时，你可对情境抱持任何不同的看法，就算其中有些让人觉得更害怕，或者更不可能让你或其他人开心，你都要接受。且让我们假设，因为你不知道某种可以帮助患者的基本医学原理，害你在员工大会上出了糗，这让你很焦虑。你已经挑战过自己的认知，明白这不代表你的专业生涯就此走到尽头，但你能找到的都是一些很辛苦的选项：“我可以优雅地承认错误，并从中学习”；或者“我的同事未来看待我的眼光将会不同”；或者“我的训练中有一些盲点，我必须加以修正”；或者“我的主管会要我降职，离开主管职”。用同样的心态来考虑这些选项，冷静地试试看，不要加上惊叹号，只要真诚地自问哪一种最适合。即便最后出现的是没这么理想的结果，你也可以准备得更充分，优雅地接受。

或者，想象一下，你在儿子要出门去露营时对他大吼大叫，现在你担心这项举动最后会有糟糕的收场。你可以用哪些不同的方式来诉说这个故事？“当时不适合教小孩，我应该要更自制一些”；或者“他要出门让我很紧张，因此我才大吼大叫”；又或者“我很高兴他要离家几天”。说出你对他做了什么事不会让你觉得害怕，反而会让你觉得解脱，因为你看到这些描述只不过是话语而已。敢于说出那些不能说的话，将会给你松绑。这样做，是能让你找到最适合选择的最佳方法。

你自己以及其他人

用慈悲之心去看可能性

当你亲近的人（比方说朋友、配偶或小孩）对自己所处的情境产生负面或扭曲的观点，你可能会很想说一些话如：“呃，你想度过一个难熬的周末，那是你的选择。”此时此刻，他们听到这些话的感觉就像是你扇了他们一耳光，他们唯一想要去做的事，就是把你的头咬下来。你不要否定他们的观点，反之，你要接受，在评论中认同他们所处的状态。把感觉和事实分开时，你可以对他们的感觉感同身受，但仍能指出一条明路，说明接下来可能有哪些不同的发展方向。“我完全能想象这是什么感觉，我也有这种感觉”或者“真的，没有人会去争论这样的感觉，但我在想，这件事可不可能有其他的解决方法。”利用这种做法，他们不会觉得自己做错了什么事，一切都只是观点问题而已，从越多可能的角度来检视情境越好。

7. 脑力激荡，把自身能量集中到一点

就算你确实踏在正轨上，但如果你只是坐在那里，你也会被撞开。

——威尔·罗杰斯（Will Rogers）

你必须有所付出

有一条很简单的物理学原理（或者，问问老天，应该有吧）：如果你要积蓄动能，就去移动东西。什么东西都行。如果你人生某个部分被困住了，想办法去移开。如果你没办法移开这部分，就去动一动其他部分。

我们都知道动员所指为何。你每天都要动员自己，早上走出大门，晚上从沙发上起身，上床。有些时候，要动员比较容易，有些时候则比较困难。在面对情绪上的僵局时，动员这件事比较像是你给其他人的建议，而不是对你自己说的话。当孩子因为数学作业做不出来而感到沮丧时，从父母的角度来看，如果他们站起来，休息一下，和弟弟玩一玩，重新调整状态后，就能进入更佳的心智状态，去应付这些数学作业，这当中的道理再明显不过了。当你听到配偶或朋友谈到他们需要在工作上大刀阔斧改变一番，你会希望他们愿意暂时放下这个大计划，从小地方开始思考，和其他的专业人士来往，仔细研究就业网站，或者整理一下他们的履历，这样的话，他们就能从闷闷不乐中解脱。

当自己在钻牛角尖时，我们就非常不善于接受自己的建议，反而被五点防护式的安全带绑在自己的困境里。本章要提供几个

点子，让你解开安全带。

在本书中，到现在你已经在你的自我批评上重贴了标签，标示成焦虑恶魔的攻击，你已经具体行事，把问题缩小到手边真正的问题，而且你也已经拓展你的选项，要用最佳的方式来解决。现在还剩下什么？你可能还是隐隐觉得不安。

接下来的事，就是动员。首先，你要先动起来。当坏消息让你感到震惊，就像野鹿被车头灯照到时那样不知所措，你必须试着想办法在短时间内摇醒自己，让你可以继续过日子。当你从绩效评估的意外打击中回过神来、收到面试拒绝通知或是觉得被朋友背弃时，就会不敢相信有这种事。从稍后的说明中你将会看到，因为杏仁核跑得太过头而沮丧、不知所措或迷失方向时，当你重新启动，通常要从简单的地方换个环境，以便突破当时加诸在你身上的桎梏。

动起来的第二步，发生在你转换为解决问题的模式时。最适合于来克服人生惰性的心态，就出现在当你勇于冒险、超越当下以解决或改变情境之时。此时此刻，改变以一系列的小步骤为单位，不会让你觉得无力招架或复杂难办。

动员的第三个方面，来自明白有时候你无力改变情境，但你还是可以采取某些行动——接受。虽然动员不会常常带有这重意义，但某些情况下，这却是非常宝贵的一部分。

从当下脱困的策略

当希尔蒂听到心目中的理想学校不收她的小女儿时，她呆住了：她的大女儿也就读于这所学校。她从信箱里拿出这封信时，几乎无法开口说话。电光石火间，千万个念头闪过。她想不出来要如何解决这件事。她们绝对付不起私立学校的费用。女儿要如何接受这个消息？她是一个天真、快乐的孩子，这件事会影响她的个性吗？现在不适合做计划或者解决方案，今天只能想办法撑过这场震惊，消化这个消息。

希尔蒂不愿多想，但她也无法不去想。此时仿佛有一道高压电流在她的身体里流窜，她只想离开自己，甩掉这种感觉。

焦虑让你变成深陷在自身怀疑中的入戏观众。让你团团转的速度慢下来，或许是你一开始最需要做的准备。你需要找一条路回到原本的环境中，而这条路通常来自于改变，任何的改变。

改变环境，让你可以突破大脑的僵局。重点不是要让你转移注意力、摆脱让你觉得不开心的事（那比较像是和恶魔玩捉迷藏的游戏），而在于你要了解，当你整个人的精神看起来就像丢在角落里坏掉的玩具，不断地转啊转时，不管绕了多少圈，都没有办法靠自己的力量离开。你需要的是有人把你拉起来，指出新方向。

时机刚好的喷嚏带来的恩惠

你有没有注意过，当你的心情糟糕透顶，就快到达临界点时，命运之神却派你的猫来，要这只猫重新看待你在极度沮丧下丢在地板上的纸团？它在这场单打独斗的猫足球赛中踢着这团纸，而你见到此情此景马上便从愤怒中解脱了。或者你的孩子罕见地没有要求吃点心或多玩一会儿电脑，他只想要知道何谓欢呼。或者，当你的丈夫做了一件甜蜜或古怪的事，比方说大声打喷嚏。忽然之间，这些偶发事件就像从天外乘着滑翔翼冲进来拯救或释放我们的功臣，某种程度上改变了一切。虽然你一直坐在那里，试过不同的密码组合，想要解开套在你身上的想法限制，却完全不得法，忽然，你身上的弹簧跳开了。你事前想不到，但是这两种状态之间的变化，就像黑夜与白天一般截然不同。

这叫作偶发改变。这种现象证明了两件事：第一，当我们处在黑暗时刻，深信自己绝对无法跳脱时，我们还是可以出得来；第二，就算是小事，也可以发挥大功效。这也说明了我们都能学会如何有意地去做到这件事，不要只是仰赖天外飞来的英雄感应到我们的痛苦，由他们来救命，或是等待机会，让风把我们吹往不同的方向。

策略一：放开绳子

在拔河比赛中，当绳子另一边的对手用力拉时，如果你把绳子放掉，你会输掉比赛，但是，你也能从这股拉力当中解脱。

且让我们假设，你没拿到大家都认为胜券在握的商业契约。你很震惊，你知道你必须放开这件事，但你就是做不到。你的情绪被绑架，你已经太过头了，但你就是没办法离开办公室，甚至连动都不能动。你是在和自己的感受拔河。你坐得越久，就觉得越糟，因为现在你是在浪费时间。你会自问，你到底有什么毛病？这更是在伤口上撒盐。

想一想绳子的另一端是谁：是你给自己的压力，拼命要找出如何修正问题的方案，要在现在控制一切。因此，和这股压力商量，暂时离开几分钟，但承诺你一定会再回来。当你回来时情况就不同了，你可能脑子清楚了，感觉也恢复到你可以控制的程度，这些都可以帮助你判定下一步该怎么做。有所动作改变了当下。你不要浪费宝贵的精力和你的目标角力，反而应该放手、动一动，承担在过程当中离开会引起的小规模风险。很有可能，当你放开必须现在就解决一切的想法时，反而会更快找到答案。

以神经学家奥利弗·萨克斯（Oliver Sacks）的著作《睡人》(*Awakenings*)拍成的电影里，朝着那些帕金森患者丢球或是对着他们放音乐时，本来宛如雕像的他们，忽然有了生气。借用球或音乐当中承载的意念，这些患者能从被困住的地方回到人间。当你试着钻出焦虑的牛角尖或是打破不断向下沉沦的回旋时，虽然你在生理上并没有被困住，但确实有一股无形的力量困住了你。利用小小的行动，站起来、动一动，会让你的脑子清楚一点。你运动到不同的肌肉，你的眼睛马上就会注意到周遭发生的事。你不用强力施压，你的心智自然会走向新方向；你不再被自己压抑。所以，请悄悄地绕开借口（我动不了，我觉得自己站不起来，这也没有用），动一动。从其他的人、事当中借来一点动能。宠物有益健康，部分理由是因为你不用自己出力，它们也可以让生活动起来。你可以借用以下这些活动中蕴藏的意志力：

听音乐：列出播放列表，选定当你需要拉一把或推一推时特别需要听的音乐。

体能活动：去健身房、骑单车、在客厅跳跳舞、打篮球，甚至把卷成一团团的袜子丢进洗衣篮里。

打电话给朋友：你甚至不用说到你怎么了，光是联络联络，就可以帮你一个大忙。你可能会想到能让你开心的人，你可以请对方说些有趣的事给你听。

走路：这是无须规划的活动。去喝杯水，去遛遛狗或自己去散步。找找美好的事物，美好无所不在。找找看让你惊艳、仿佛第一次看到的东西。

看看图片、照片：请记住，你现在看到的这些人，正在更幸福快乐的时刻等着你。

整理环境：当你不想管自己时，可以去照顾环境。替植物浇浇水，清除枯叶，重新整理你丢在茶几上的书，读一读。从事小规模、可管理（大约需耗时五分钟）的环境清洁工作，比方说清理你的床头柜、你的玄关，或是你的车子。

策略二：想想基础入门的事物

当你觉得整个世界正在分崩离析，你没办法准备好去解决问题，但是你已经可以去感觉不同于目前经验的其他事物，那么就行动吧。先从最低阶的工作开始。你可以出于善意替别人跑跑腿或是做一点小事。在这些艰难的时刻，我们或许渴望看到的是人生中“重大”意义或“重大”成就的证据，但你可以去想一想禅宗说的：“悟道前，挑水砍柴；悟道后，挑水砍柴。”谦卑地从基本功做起，是最好的方法。替自己泡一壶茶或做一顿饭，整理一下厨房。放点音乐，从这些小型工作当中借来一些动能。当你发现自己在动，不管你从事的是多么微不足道的活动，都在向你证明你可以离开被困住的情境。通常，在做这些杂务时，你会浮现一些新的想法，或者你可能会看到所处环境中有些有趣的东西，让你感到惊喜，让你心情飞扬，并让你能从新的方向来思考。

策略三：明白你能改变哪些部分

我们的第一栋房子是需要大幅整修才能住人，我们在找第二栋房子时也重复同样的模式，如果还有第三栋的话，情况也会一样，我想这样你就懂了。房屋中介大摇其头，看不下去摇摇欲坠的屋顶，不断剥落的油漆，以及高过人的灌木丛。好吧，其实她是对我们摇头。我们可以感到她无声地催促我们，赶快带了钱跑吧！但这里的地段一流，因此我们搬进来了。在我们拥有那栋房子之后的隔天，我和我哥讲电话，细数我们从众多前任屋主那里继承了哪些问题，然后我说："最严重的是，他们居然在前卧室铺上这种丑死了的红地毯。"我哥哥素来以直言不讳闻名，他回答说："不，塔玛，是你在你们的前卧室铺上丑死了的红地毯。"

噢。即便我们已经找出问题，但我们可能就此打住，什么也没做。"我的小孩要求我每天晚餐准备三道菜！"红地毯。"我被迫每天都要替办公室里的人煮咖啡！"又是红地毯。"因为我的焦虑，我必须坐在靠门边的最后一排，就算我根本听不到教授在说什么，也没办法。"另一块红地毯。

我们抱怨，我们苦恼，一想到可能会怎么样，我们就觉得不寒而栗。但我们坐在那里，用焦虑或负面思考作为逃避理由。某种程度上，我们说服自己，对于某件事感到苦恼，就代表你在做什么了。但当我们完全有能力去辨识，并且拿掉人生中的丑陋红地毯时，我们为什么就是不去做？要能展开行动，我们需要先找出所处情境中哪些是自己可以控制的部分，把这些和无法控制的部分区分出来。一旦我们看出来自己手中握有选择，就比较可能采取行动。你的改造策略是什么？问问自己，如果这里由我负责（大部分时候当然是你，至少某一部分如此），我要用哪些不同的方式来因应这个情境？请记住，身边有些人会因为你逃避而受益，这些人或许不喜欢你所做的任何改变，但这是他们的问题，他们该去做点什么事了，这是他们的红地毯。

策略四：从小处思考

我们会想，改变幅度要大，成果要立即可见。当你觉得很糟糕，你会把眼光放在重要项目上：全新的人生、升迁、新的关系、全新的身体。当你显然无法在星期一早晨十点得到这一切时，你开始觉得自己什么也做不了。你可能会想，在你确定有什么事可能让你觉得好一点之前，你要停下来，听天由命。你不想再冒险，不愿再因为尝试去做没有用的事而感到失望。对改变的期待，反而阻碍了你的路。

我们必须学着从小处思考。从大格局来想，常常会阻碍你的路，让你什么也做不了。我们会想，如果我们真的觉得这么糟糕或这么可怕，那相应解决方案的规模必是非常大。这样的预期让我们裹足不前，不敢采取任何初始行动以展开任何流程。

当你在做计划时，“小”也是一个操作性的字眼。设法找出你的目标，之后细分成几个让你一次可以做一项的小步骤。通常你会接受一件事，以为你没有计划，或是计划执行起来跌跌撞撞就代表你根本不应该开始。这种说法太偏离事实。

策略五：跳过你不喜欢的部分，找到可以动的部分

当你觉得被困住了，可能是一个让人觉得很麻烦的问题阻碍了你，让你无法面对其他四项实际上你可以应付的议题。你不用浪费时间被卡在大眼瞪小眼竞赛当中，和你现在做不了的事互看，你可以去做能做的。当你在写小说时碰到你最讨厌的那一章，当你在填写房贷申请表时碰到你完全不懂的字段，当你的履历中有一部分需要修改时，不要让一件麻烦事变成所有事情的瓶颈，阻碍了其他你能做的事。请允许自己可以不照次序做事。你可以跳过问题，找一件你现在已经准备好要做的事。一旦你动起来去做一件事，其他让人害怕的部分看起来就不那么可怕了。就算还是很可怕，但是当你有些成就时，虽然有一部分的你还是困住了，你也会觉得受到鼓舞。要能跳过、放手，之后再试试看，你可能会大为惊喜。

策略六：跳过动机，不要苦苦等待

我们常常会坐在那里，咬紧牙关，看看能不能找到动机，而研究给我们带来了让人意外的好消息。动机会跟着行为而来。这表示，就算你是梦游到健身房，行动前不是克服，而是跳过犹豫不决的心理，一旦你发现自己身在新情境或从事新活动，动机也会开始出现。所以请设法给自己灌入行动意念。当我的小病人卡住了，离不开电视或是要出洗手间之前拼命洗手，他们会想象用加农炮把自己射出去。你也可以想象你开着法拉利、奔驰而去，或是压下椅子上的射出按钮，把自己弹射出去。

传奇舞蹈家兼编舞家崔拉·夏普说，她每天早上的例行公事，是在清晨六点钟到城里另一头的健身房去运动，能做到这件事的理由并不在于动机与纪律，而是做了叫出租车在五点半过来接她这个简单的动作。就像其他人一样，她也会想睡回笼觉。但打电话这个简单的动作开启了出租车，使她必须搭乘出租车。在她的书《30天学会创意：唤醒与生俱来的创造力潜能》（*The Creative Habit*)里，她写道：“出租车来了，我已经叫车了。不管我喜不喜欢，我都得去健身房。”

一旦你踏出第一步，要回头就比较难了。一件小小的事，可以启动动机。对于神经系统来说，这就有点像是买一送一的方案。一旦你踏出第一步，其他的就会接踵而来，毫不费力。

策略七：规划你的步骤

你已经做好准备，了解你的人生中要有些改变，但你却觉得自己的态度像是“准备！瞄准，等一下”这样的三部曲。比方说，你想要有人陪，因此你在你的楼梯图最上方写着：“找个男朋友，找个女朋友，或去结个婚。”你不太可能下班回家途中顺道在小店停一停，顺便就把这件事给完成了。你无法让重大改变立刻发生，你可能会因此觉得丧气。你什么都做不了，只能等你找到再说。但你必须看看你在生活中可以做哪些改变，利用这些改变走到终极目标。花一分钟把你的情绪放在一边，改用以事实为重的方式来因应所处情境，脑力激荡，借用工程师的做法，找出能够带你到达目标的每一个必要步骤。

我在帮助那些害怕自行入睡或不敢前往养狗友人家里的小孩时，总是会拉出一个楼梯图。我们会在最上方的楼梯写上目标，接下来我们会写现在他们可以做什么，算是起点，写在楼梯的最下方。然后，我会请孩子写出一些可以帮助他们从起点走到终点的活动。你没有办法飞上阶梯，你必须一次踏一步。不管你是希望请主管提供回馈（先从请太太或同事提供回馈意见开始，之后利用其他比较不重要的事去找主管），或者你想要铲除家中地下室的垃圾堆（花十分钟把这项工作分成几项一小时内可完成的任务，花一小时清理旧工具、一小时整理衣物、一小时整理旧玩具）。这张图可以帮助我们想象出从起点到终点的可能路径，一旦你画出这张楼梯图，就启动了动能。

试试这个

想一个你替自己定下的目标，并写在纸张的最上方。你可能是想要减重、和朋友更深入交往、增加生活中的社交往来、少生气、不要这么害羞或是要更果断。

把目标写在纸张的最上方。接下来，在最下方写下你的起点，也是你现在的状况。在最上方与最下方之间画出一个楼梯图，想一想一些具体的做法，你用一两个星期专心去做一项就好，一直到你做好准备，可以应付接下来更困难的挑战为止。

你采取的每一步，可能在“开始”时都会让你觉得不自在，但请多给它一点时间，之后你会调整，整池的水将会让你感觉棒透了。

戒除焦虑实例

米契大学时的死党患了癌症，生命垂危。这位朋友还有两个幼子，已经拥有家庭的米契，对朋友的遭遇感到心烦意乱，也觉得无能为力，无法做点不同的事。米契说，听起来不太理性，但他认为，如果他的朋友最后一定会死，他想不出自己有帮得上忙的地方。他的全部精力都放在这股悲伤上面，想不出自己可以做哪些事，也不在乎他现在正在做的事。

在编写清单时，米契把“我希望能减轻朋友及他的家人的痛苦挣扎”这个目标设定在最上方，从而找出许多他能做，且很有用的事，以创造不同的局面，比方说陪伴朋友的孩子玩，为朋友朗读他最爱的《科学》杂志文章，每星期期待与朋友的家人出去用餐，以及愿意讨论死亡，等等。检视这份清单时，米契可以找出他现在能做的事，而不只是想到他做不了的事。这激发了他去想到更多可以帮助朋友的方法。无力感剥夺了米契与朋友可以共患难的经验，而愿意实行小步骤则让两人都大为不同。

布莉姬很难和青春期的儿子提姆相处。提姆乖戾阴沉，不懂尊重与欣赏他人，这样的行为让布莉姬很痛心。“他不说谢谢。有时候，他根本什么都不说。我必须不断地躲着他。”布莉姬这样对我说。她认为，她唯一的选择，是要让她儿子停止这些行为，这是非常大的目标，但她也知道她控制不了他。她觉得无力又忧郁，因为她不喜欢看到这样的行为对家庭互动造成影响。布莉姬常用愤怒回应提姆，或是干脆什么都不说以免开战。她不断向下掉进一个深渊，这一切都让她觉得，如果她真的是好妈妈的话，就不会有这种事了。

我们一开始先把她儿子的行为与忧郁心情和她可以替自己做的选择分开，而不要把这两件事视为错综复杂纠结在一起的一件事。布莉姬无法强制她的儿子动起来，但是她有选择，可以决定自己要如何动起来。当家长发现，在孩子不乖而且不愿意接受惩罚暂时休兵时，他们可以自行鸣金收兵，暂时离开，这样的领悟通常会让家长兴奋得想欢呼。类似这样的情况，布莉姬的第一步，是要想一想她可以用哪些不同的方法回应提姆。她体会到，给提姆回馈是她拥有的选择，而不是她必须接受的选择，当儿子表现出不尊重态度时，她可以选择不站在那里听儿子说。

她开始说一些不同的话，比方说，“我很遗憾你觉得这么糟糕”或是，“我知道你现在就是这样，但这种做法在这里无效，我们家里不是这样做事的。我想要帮忙，但当你用这种态度和我说话时，我没办法和你讲话。所以如果你有兴趣一起合作，很好；但如果没有，现在我也帮不上你的忙”。布莉姬不但让自己摆脱儿子心情阴晴不定的桎梏，儿子也开始更尊重她。

策略八：把时间花在你这边：设定适当的目标

通常让我们完全动弹不得的因素，是我们心里对时效有不切实际的期望。我们心中比较聪明的部分，会说出我的小患者对他们的父母说的话：“你们越催我，我就越不想动。”你不用陷入长期和自己争辩的苦战当中，你可以把迟疑当成信号，代表的正是需要改变的部分。真正重要的是期限还是要做出改变？你不要说“我给自己两个月的时间塑身”，然后一个星期之后你就放弃了，因为你已经预见未来的失败。反之你要放宽时间限制，一天一天、一周一周找出你最想建立的新模式。

策略九：当你不确定要采取哪些步骤时，请利用脑力激荡找出可能性

脑力激荡的目的，是要找出新方向、跳脱困境，以及脱离让你觉得无助的问题模式，转进让你能找出最适合答案的解决方案模式。当人们想要马上找到最佳答案，可能就会错失了脑力激荡中固有的中立特性。而这也表示，当人们能同时进行分析与评估时，也应能以中立的态度发散出想法。以开放的态度发散想法在先，分析想法在后。

为了能从脑力激荡阶段产生更多灵感，你可以考虑把想法都写在索引卡上。在每一张卡片上，写下一个可能的下一个步骤，不管是务实的或天马行空的都可以。脑力激荡的重点在于创造热能和激励，而不一定要确实计划出下一步，不一定要立即执行。借由让卡片发声，有时候我们会发现他们真的帮了我们让选择浮现，而我们只要顺势而为。

最近刚刚离婚的萝伦决定做点事以对付寂寞，但她有点害怕。她现在说她很想念有人陪的日子，但她一想到约会这件事，就觉得被吓到了。在经历十年的婚姻之后，约会看起来像是另一个银河系的事情，她完全不知道要如何走到那个空间去。我们拿来卡片，并做脑力激荡，想一想其他人如果要开始约会的话会怎么做，而不是她要怎么做，这套策略帮助她想出各式各样的点子。这些卡片上的内容仿佛是别人替她提出的意见，她洗了牌，抽出一张卡片，谈一谈上面写的那个点子对她而言有何意义。

杰西也用同样的策略，来思考如何为他的小房地产公司创造更多业务。我们在卡片上写下他的同行会采用的不同战略：包括他非常喜欢的做法，以及他认为他“绝对”不会这样做的做法。

在想象他自己尝试每一种做法时，他得以拓展自己的想法，并找到新点子。

快速脑力激荡五步骤

- 步骤一：找出问题。
- 步骤二：脑力激荡提出解决方案。
- 步骤三：选择最佳选项，演练。
- 步骤四：执行。
- 步骤五：评估成效，必要时修正。

策略十：合力打造谷仓：纳入更多人

有个阻碍你前进的障碍，是当你缺乏必要的信息时，你以为你应该已经知悉一切，因此你无法前进，但也不寻求协助。想象一下，在找到最佳做法阶段时，你进行了以下的分析：

问题并不是你的业务糟透了，而是你需要找一个人来操作快速簿记（QuickBooks）这套软件。太好了。现在，你要做的，就是找到对的人。现在出现两项障碍，让你无法寻求协助。首先，你可能觉得你自己应该早已知道所有信息，因此你无法去征询他人意见。

再者，你认为请求别人提供协助，会让对方负担加重。当你找出一项选择却不知道接下来该怎么做时，你要走出去。你可以写一封这样的电子邮件："你好，我能不能请你很快地帮我看一下这个？我自己也觉得这是很疯狂的事，但我很希望知道你的看法。"或者，甚至是"我现在已经陷入做什么事都不对的时候，请帮帮我！"

请求他人提供新的参考意见会很有帮助，但不要选择容易焦虑或抱持负面想法的朋友，他们会把你丢回你一直想要跳脱的混乱当中。选择一个可以帮助你分析细节、辨识机会的朋友。如果你有的全都是焦虑且负面思考的朋友，或许现在也该考虑修正你的社交网络。

你可能也会掉进耗时障碍中，认为你必须为了寻求协助而花掉过多时间（包括对你或是对朋友而言）。这会花时间，但是你要想一想问题为你带来的困扰要花掉多少时间。通常我们会为了一件事苦苦挣扎好几个小时，事实上，你只要打一通电话，花几分钟就能解决这件事。如果有人打电话给你，请你挤十分钟出来，你会觉得很烦，还是觉得自己很有用，因此乐于帮忙？很有可能，在这种良好的互助社群及友谊构成的隐性交流系统当中，我们能获益良多。

策略十一：把所有行动好好想一遍：心理演练的力量

你知不知道，当运动员无法真的在跑道上练习时，为什么教练还要叫他们想象绕着跑道跑？或者，为什么小提琴家可以在不打扰其他乘客也不用乐器的条件下在飞机上练习协奏？神经可塑性理论认为，当你正在练习、要掌握某一种技巧时，除了真正去做之外，想象是次佳的选择。因此，如果你还没有准备好走进主管办公室，和他谈一谈那位总是迟到的同事，你可以想象你去做这件事。让你的主管坐在你对面的椅子上，由你主导对话。然后尝试不同做法，重新再做一次，表现得更好，并想象主管会有哪些不同反应。持续这样做，一直到你可以画下完美句点、一切顺利圆满为止。如果你觉得做了这件事会让你太愤怒或太难过，因此让你裹足不前，这种私下的演练特别能帮助你预见自己的反应。借由事前先处理好一部分的情绪，当你准备好采取行动时，你的思维清晰，可以说出你必须说的话，不会害怕出现意外的情绪。

最后的建议：当你能实行的行动是接受时

有时候，我们不想要四处团团转，不断地和问题角力，我们需要的是放手，好让自己可以继续去做别的事。接受了，我们就能离开。

当我们遭遇无法改变的情境时，不应将此视为脱序。人生会给我们可以改变以及无法改变的两种情境，这不一定是坏事。在逆境当中，你常常会觉得自己什么都做不了，因此你想要放弃。你可能不想要去看你有什么选择，你宁愿一开始就不要处在这种情境当中，但除了修正情境之外，你总是还能找到其他方法来影响人生。就像你之前看到的，最初的层次，是你如何描述所处情境。你可以告诉自己，这是“有史以来最糟糕的事，让人完全无法接受”，但在你用这种开场白开始说故事之后，走上的便是一条截然不同的路，和你告诉自己“我所处的情境便是这样，我也不想，但我会尽一切所能来帮助自己”的发展方向背道而驰。

如果你真的什么都做不了，那就什么都不要做。不断检查清单，一次又一次确认那些你做不了的事，比你干脆接受现实更糟糕。你把这些事都丢进箱子里，日后再说，到那时条件或许不一样了，而你也可以尝试不一样的做法。

高级主管辅导教练麦可·邦吉·斯塔尼尔（Michael Bungay Stanier）说过一个故事，有一位设计师为大学校园设计建筑物。他没有在两栋建筑物之间设计通道，反而任由学生们自己去找最好的路。一年后，他回过头来，在学生们踏平的路上铺设路面。虽然你可能不太有耐性，但有时候，放开手并给自己一点时间找出正确的道路，会创造最好的结果。

试试这个

编写你的行动选单

想想当你过去被困住时的经验，以及你是如何脱离的。编写一张清单，写出四项可以让你从困境中解脱的活动。请记住，动机会“随着”行为而来，而不是反其道而行。先做一件事，当你看到自己在动时，你会觉得受到激励，能做的就更多了。也请你要记住，当你刚下水时，游泳池可能会让你觉得很冷。你越快跳下去，你越快能适应。

想一想引发后面行动的前几个步骤。当你穿上球鞋时，你会出去走走。当你转开收音机时，你会随着节奏摇摆。当你走向狗舍时，狗就开始吠叫。这些步骤都启动了内在的生理程序，预期你会采取接下来的步骤并替你做好准备，你无须多做些什么。找出引导你向前的第一步骤。

练习放开绳子

当你在一千五百片的巴黎铁塔拼图前坐了好几个小时，坚持一定要替其中一片拼图找到位置，这片拼图似乎一直在用它的模糊难辨嘲弄你。然后你的小孩走进来，在另一边拼好了好几片。这显然是比较简单的部分，刚刚一直也在你的眼皮底下；如果你愿意放开当下无法解决的部分，转而搜寻你可以解决的，也就是能动的部分，就能看出来。一开始，当我们放手时，会觉得自己被打败了，我们认为应该无法成功了；但随着时间过去，放开困住的部分，让能行动的部分动起来，会让你觉得越来越好。长期下来，正因为我们预期到（暂时）失败的另一边将会成功，因此我们不需要在要放手的这部分这么努力。因为我们知道，这实际上是一扇通往向前迈进的暗门，我们之后会自动把这件事完成。

你自己以及其他人

当你在帮助陷在困境里团团转无法脱困的朋友时，应远离他们踏进的流沙坑以防万一。你不要随着他们，把自己陷在里面绕圈圈，而要温柔地提出建议，说明“离开”对你来说通常有用，等你再回来时，你的脑筋会清楚一点，看清楚实际的情境。你可以邀请朋友一起散散步，或者建议他去做一些荒唐或随性的事，以打破僵局。“当我发现自己被困住时，除了在客厅里跟着滚石合唱团起舞之外，没有别的方法可以脱困。”朋友不一定要接受你的建议，但这些话可以创造出一幅画面，里面不再有一个被困住的人，而且，这当中暗示了这样的情境是可以应付的。利用这种方式，我们可以导引出他们需要为自己做出的改变。

当其他人陷入困境，我们还可以用第二种方法帮助他们，那就是陪伴他们，把他们想要避开的工作变得更像是社交活动。比方说，如果你知道某人伤透了脑筋，不知该如何填写保单、设立新网站、购买征人广告、成为新手单亲家长、浏览约会网站档案，或者甚至是不知如何开始做无聊的清洁工作，你可以现身在他们眼前，帮助他们把无趣的工作变得不那么无趣。把你的动能借给他们。带些点心和音乐过去，你的朋友可能会对你投桃报李。

戒除焦虑实例

大学时，克里斯的朋友都知道他是一个冒险进取、身体力行的人。他的心思一直放在重大的概念上，而且他可以马上想象到美好的未来会有的成就。他计划要在三十岁前拥有自己的事业。但他现在已经二十七岁了，却卡在一个无法实现这些梦想的地方。克里斯非常沮丧。他不懂为何无法快速走到终点，而因为他没有走到他想象自己应该能达到的境界，他觉得自己一事无成。

克里斯认为，若要能动起来，必须要能采取大规模的行动。他因无法达成长期目标而感到恐慌，而他的精力也被吸进一个大黑洞里，无法用建设性的态度来分析这到底是否真的是他的目标，以及他可以采取哪些小步骤以达到目标。变成窝囊废和骗子，而且也没有实现任何人的期望，尤其是他自己的，这些想法压得他喘不过气。

把问题缩小之后，克里斯明白他确实想要创业，但是他从没学过如何用系统性的做法来完成任务。他应该要写出计划以及许多较小的目标，当他达成时，可以让他获得成就感。他也是一个身体力行的人，他的年岁已长，而且更明智了。现在他知道，采取小步骤是达到目标的方法。

卡罗琳是一位工程师，她也想自行创业，但是苦无进展。她质疑，自己是不是少了一些动机，但这种想法听起来并不真实。卡罗琳很自律，她减掉很多体重，而且一直保持下去，她有系统地省吃俭用，买下自己的公寓，而且她一直都认为自己是动机很强的人。那么，是什么因素阻碍她了？

细谈之后，卡罗琳得出结论，失败或失去安全感的恐惧对她来说不是问题，问题在于要找出起点。像办公室空间、申请创业贷款、在网络上布局这些事情，一直在她心里出没。她认为，因为她不知道要从哪里开始，这就表示她走错路了，原先设定的目标对她来说根本不对。

当我们开始进行脑力激荡，找出所有可能的开始创业的做法，卡罗琳强悍、理性的心智很快就能以适合她的方式把所有信息汇集起来。她在索引卡上写下每一步，然后按照顺序演练，一直到合情合理为止。还有很多事等着她去做，但现在的她已经有了一套计划，可以准备向前迈进了。

8. 设立破解密码

你的痛，是来自你打破包覆着你的理解的那层壳。

——纪伯伦

为什么有人会从焦虑转成焦虑症

“正常”的焦虑是什么？如果开会让你精疲力竭，在派对上无话可说，或是当你必须自我介绍时会忽然间面红耳赤，这是不是代表你应该去预约，每周去心理医师的沙发上躺一躺？简单的答案是“否”。某个时候，我们每一个人都会体验到焦虑，当焦虑不只是对充满压力情境的偶发反应，而是在每一个转角处等着和你照面，这就是焦虑症的第一个警示征兆。

当你避开某些重要的活动或情境的理由是你害怕事情可能出错，或是你知道自己的焦虑将会导致这些情境变得无法应付，或是活动中的乐趣或愉悦部分将完全不见，这是焦虑症的第二个警示征兆。

根据医疗专业人士使用的精神病学分类系统，所谓病症（disorder），指的是症状严重干扰社交、工作或其他重要的生活功能方面，或者在临床上引发显著的压力。换言之，当你因为焦虑而必须订下计划或改变计划时，或者焦虑让你每一天都很难熬，你可能就患上了焦虑症。若是如此，请鼓起勇气，并采取行动。在我们生活的这个时代，你不用受苦，无须每天因为这个世界的压力而惊醒。所有的焦虑症都可以治疗，而且在正确的治疗下，愈后情况极佳。

我需要哪一种协助，治疗、药物，还是两者兼具

为了减缓焦虑症患者的苦痛，现代的治疗师会选择认知行为疗法（这种治疗方法便是本书所述策略背后的理论），而这么做是很有道理的。认知行为疗法很务实，容易实行，效果甚佳，通常都很简短，而且基于上述种种原因，患者都很喜欢这套疗法。凭借几十年来控制得宜的研究，奠定了认知行为疗法在治疗焦虑以及焦虑症上的成就。事实上，研究人员发现，认知行为疗法比安慰剂疗法控制组或分析治疗都更有效，甚至比专门用来治疗焦虑的药物更有效。接受认知行为疗法的患者效果可以维持更久，建立起一道缓冲机制，让他们不会患上抑郁症或其他焦虑症。这种治疗也有短期疗效，让患者得以学会一套新的技能，可用在管理担忧以及焦虑症引起的生理症状，通常在几个月的治疗后就能见效。

就算你已经开始接受认知行为治疗，但仍可根据症状对你的生活造成的干扰程度综合分析，你也可以主张药物是有效的辅助，能和你在治疗当中学到的工具相辅相成。如果焦虑严重影响睡眠、胃口或心情，你的治疗师可能会建议你接受药物评估。认知行为治疗和药物作用于不同的大脑部位。药物有助于抑制大脑的边缘系统（这是大脑里的情绪反应部分），帮助你觉得平静一点，而认知行为疗法则是改变大脑皮层的回路，以响应新学到的认知工具，帮助你更透彻、更精准地去思考。药物有时候可以加速缓解，强化患者的能力，学习可以长期改善状况的技能。

你该问问自己的问题

· 你早上起床时常常会觉得生气、焦虑或是担心这一天吗？

· 你是否会因为太过焦虑而订下计划或改变计划？

· 你会不会因为焦虑与恐惧而分心，以至于要避开某些情境或无法好好享受？

· 你会不会觉得人生好苦，超过原本应有的程度？

· 承担日常的责任会不会让你觉得疲倦甚至是精疲力竭？

· 压力会让你难以集中精神、放松或入睡吗？

焦虑症有哪几种，我患病了吗

强迫症

非强迫症患者会说，每一个人某种程度上都有一点点强迫症。现实中，你打高尔夫球时非得穿你的幸运之袜，或是每天晚上坚持一定要和孩子晚安吻，和你每天背负重压觉得会害你挚爱的人不幸福，如果你没有好好检查门窗火炉，或是数你说过的字以确定结尾时是奇数，这两类事件截然不同。非强迫性行为与强迫性行为之间最主要的差别，是选择。当你出于自身偏好去做某件事时（你喜欢去数你说了几个字，因为这很有趣），这就不是强迫症。患有强迫症的人不停地重复检查、重复动作以及道歉，并不是因为这些行为带给他们满足感或让他们觉得很幸福。他们这么做，是因为他们被疑惑掌控了，不确定他们第一次做时是否就把事情做完或者有没有做对；他们认为只要仪式做对了，任何坏念头或不当的想象都不能抵消仪式的保护力而造成伤害。

非强迫症者有时会出现一些和特定事件有关、时效有限的极端行为，比方说一再确认婚礼当天的流程细节，或是出发度长假之前重复确认门户安全，强迫症患者的经验大不相同，奇特的规则和信念每天都在摧残这些患者的人生。他们不只是要确保安稳，而是怀抱着一股持续的信念，认为他们的人生结局完全仰赖一件事，可能是当坏念头出现时他们有没有办法在心里想出一件好事，或者打开与关闭碗橱的次数是否刚好十次（等于他们拥有的孙辈人数），这让他们持续处在一种特定状态中，几乎无法闪过任何攻击。

强迫症非常耗时。或许所有人都会觉得有必要重复检查一两件事，比方说晚上要一再查看火炉门窗、水龙头，等等。这些习惯还不算太花时间，还算不上强迫症。强迫症的第三项特色，是检查的例行工作会越来越谨慎、深入而且详细。检查行动频率越来越高，通常还会要求要有完全安静且集中精神的环境条件。如果受到干扰，就得重做一遍这些事情。没有强迫症的人执行的检查工作通常都很简短，而且基本上有益。他们检查完了就好了。强迫症患者会走到一个极端地步，忘记何谓合理的检查。他们必须问问其他人，重新学会其他人如何定义合理的谨慎。

问问自己

· 你是否无法阻止自己对伤害、污染、暴力、谨慎细心、宗教或性怀有不寻常、不愉快的想法或想象（而不只是一般的担忧），而且这种情形让你觉得非常困扰？

· 你是否有一些自己的方式，比方洗手、检查、道歉或祈祷，以抵消或预防干扰性的坏念头造成的后果？

·你会不会用特殊的方式去做一般的事。这是你觉得你需要做的事，就算有必要时也不能跳过？

·你在一天当中会花超过一个小时以上的时间执行你执着的活动或仪式吗？

·你会不会因为你害怕自己没有完全做对而造成不幸后果，以至于你总是拖延完成任务的时间或根本做不完？

破解密码：打破强迫症暴君在你耳边低声诉说的规则

几千年来，强迫症一直是被人们严重误解的病症。理论把原因归咎于患者要求能掌控或达到完美境地，归咎于他们的父母保护过度，或者在更久之前，归咎于患者被恶魔控制住了。后来神经生物学取代了这些无益且古老的解释，现在我们的了解是，这些反复出现、造成干扰的想法，是脑部的过滤系统塞住或出错而造成的结果，非关个人，也无对错。这套理论说的是，应该由大脑编辑的信息卡住了，并且不断重复。重复强化了想法以及急迫感的可信度，无论指令有多荒谬，当事人都会听令执行仪式。患者可能会因为自身想法奇特，甚至影响到他人而觉得羞愧，认为自己应该负责，但强迫症的基本主题（污染、对称、攻击、伤害、性的想法或谨慎过度）在古今中外所有文化里都可以得见。因此不要把强迫症当成是个人的问题，而要想成是人类的通例，是大脑打了个嗝。

一旦了解你之所以有这些想法在于生理机制出了错，就可以开始为强迫症重贴标签，降低其重要性，并开始用出现强迫症之前运作顺畅的方式重新过你的人生。

暴露与仪式行为阻止法（exposure and ritual prevention，简称EX／RP)是最有效的强迫症疗法，可以带来改变人生且长效的改善效果。暴露与仪式行为阻止法涉及要编制不同层级的强迫症情境，一开始特意地去面对最初级、最不严重的情境，在这当中全力抗拒去执行仪式，因此你已经贴上了新的标签，认定这并非必要的焦虑。这种做法是要让你置身在会出现仪式的情境当中，比方说使用公共厕所、不要一再检查火炉，去感受一下情境引发的焦虑，然后有意地不要进行仪式，看着焦虑自行破解，因此，打从一开始，这就不是必要的焦虑。

当你因为手上可能有脏东西而感到焦虑时，重点不在于你的手是脏的，而是在于一切都很干净的信息，以及这信息有传到你的脑子里。如果你一直用力洗手，大脑就会让这个循环继续转下去。打破仪式会让人感到害怕。将暴露与仪式行为阻止法用在比较小的步骤上，你可以看到，当你打破仪式时并未发生任何坏事，事实上，还发生了很棒的好事：你重新拿回人生的主控权。

恐慌症：毫无理由涌起焦虑

当主管要我为合作伙伴做即兴演讲时，我完全没有准备，我慌了。我们在口语上都会用“慌了”这个词，而这类故事的后半部通常会描述的是一个人如何从中恢复，做出一场还不错甚至很棒的演讲。患有临床恐慌症的人通常会有不同的故事结局：然后我必须离开会议室，我觉得四面墙越靠越近，我觉得自己快要疯了，我完全感觉不到现实。一切看起来都这么奇怪，我不知道该怎么办，最后我跟主管说我病了，我要回家。等我一进到车子里面，就觉得好一点了；我还没到家，就已经觉得松一口气了。

担忧，甚至是极度的担忧，和恐慌有几个重要方向上的差异。首先，根据定义，恐慌并没有明确的触动因素。恐慌症的特色，是恐惧感突然涌出，肾上腺素没来由地飙高，就算当时你正在最爱的餐厅里享受一顿浪漫晚宴，或是深深沉浸在一部好电影里，或只是在做简单的日常工作如采买杂货，都可能发生。恐慌会无缘无故出现，这会让你恐惧，而恐惧会让你更加恐慌。你开始以疯狂但可理解的态度提出问题：我到底怎么了？为什么会这样？接下来会怎么样？你的身体因应这些威胁想法的方式，是人类预设的响应：战斗或逃跑。这会刺激肾上腺素流进血液里，让你心跳加速，好把血液打进手臂和大腿，让你随时可以为了生存而战斗或逃跑。此反应只会加重压力，因为虽然眼前看不见敌人，但你已经历了从冷静到完全的疯狂，而且在短短几分钟内也已经体验到了身心分离。

如果说焦虑与恐慌之间的第一项差异是恐慌会无来由地出现。第二项差异则是，在恐慌来袭时，生理反应极为强烈，就像这些恼人的想法一样强烈。但第三项差异则是恐慌来袭的速度极快。我们或许会因为低度的担忧而闷闷不乐好几小时，但恐慌症会在短短几分钟内提高攻击的强度，在你想到“喔喔，我怎么了”后没多久就出现效果。

第四项，也是最后一项差异，在于内容。在担忧时，衡量我们担心程度的度量可能会扭曲，但以内容来说，则是大家熟悉且普通的事物，比方说担心错过期限、患上疾病或失去一段关系。反之，当恐慌症来袭时，你怕的并不是留下坏印象或错过期限，而是失去控制力及失去对现实的掌握，你怕你“疯了”，或是怕自己因此心脏病发，甚至死亡。一旦你经历过恐慌，你绝对不想再度体验这种失控的状态。恐慌症本身就可以创造出让恐慌挥之不去的条件。之后你会害怕要去某些地方，可能是回去看恐慌症发作时你正在看的电影，或是任何地方，因为你担心这种事又会再度出现。

经历过恐慌症的人会变得小心翼翼，即便生理有一点点小小的变化都能感觉到。在从未发作过恐慌症之前从未特别注意过的微不足道呼吸变化或是一点点的头晕，可能马上让当事人陷入恐慌，担心这些就是恐慌症再度来袭的征兆。光是想到恐慌症会再度来袭，就可能陷入恐慌症里面。患有恐慌症的人从不知道症状何时会出现，因为连在自己的身体里面都让人极度惶惶不安，这让他们饱受折磨。

虽然你在生理上没有生病，但实际上的完全失能会让周遭觉得你没事的人尴尬而困惑，质疑你为何无法出席派对。在心中，你会想，我不去是因为我快要爆炸，或者快要死掉！这种病症让你尴尬，也让你很难做好准备去完成什么事，或者和对你而言非常重要的人保持联系，因为你觉得当你要离开安全地点时，你就身处危险之中。

问问自己

· 你的焦虑是从天而降，还是另有原因？

· 焦虑会在几分钟内加重，还是花了几个小时慢慢渗透？

· 我是害怕即将发生不好的事或者担心自己就要发疯了，还是我只是担心情况最后会变糟而已？

· 我是否会因为害怕恐慌来袭而避开一些地方？

破解密码：叫消防车打道回府，因为这是假警报

在喜剧片《老大靠边闪》里，罗伯特·狄尼罗饰演一位黑手党老大，这一行的压力让他开始崩溃，恐慌症也上身。他在某个傍晚冲进医院，因为他觉得自己快要死了。当忠厚的年轻住院医师报告一切检验正常，所有问题都来自压力，罗伯特·德尼罗痛

殴医生，踢翻检验室里的仪器设备，坚持一定哪里出错了，他的感觉不可能有假。当恐慌症来袭时，你必须坚守最重要的事实是，这些症状完全无伤，之后将会自己消退。如果我们明白为何会出现这些症状，它们会消退得更快，而答案就在以下。

要了解恐慌症，最好的方法就是把它比作紧急广播系统测试，差别是，很不幸恐慌常常忘记要先宣布这只是测试而已。忽然间发作的生理症状，可以合理地视为紧急反应过程（只是那其实并没有任何紧急可言）。如果不了解这个道理，你会合理地错误解读心跳加速、手心冒汗、头晕目眩等信号，而超现实感则变成一个标志，让你以为身体一定出了错。你会问，为什么会这样？我到底怎么了？为什么会这样？接下来会怎么样？这些问题都会加剧杏仁核的反应。这也就是说，我们把最初的信号误解为真正的警报，身体不断地回应我们感受到的痛苦，而我们遭受的痛苦也因为出现令人窘迫的生理症状而更加严重，最后的结果，就变成一场恐怖与惧怕的恶性循环。怎么样才能停止这场循环？你要把循环重新导向另一个方向。你不要再提出会发送更多信息给杏仁核的问题，反之你要陈述事实，以降低对紧急反应的需求，从而减少紧急信息的供给：我的恐慌症发作了，我很好，我没有问题。这些感觉很不好受，但是它们无害，如果我可以让自己冷静下来，这将会过去，我大概在十五到二十分钟之内就会觉得比较舒服了。

恐慌症疗法会牵涉心理教育疗法，或者说也可以说是对事件发生过程的转译。也会用到内在感受暴露疗法，这是一种专门用来处理恐慌症生理症状的系统减敏感法。在内在感受暴露疗法当中，你要练习跑步或让自己喘气，让你明白，当你心跳加速时，你自己可以让它慢下来；这种心跳加速对你来说并非危险。实景暴露疗法是另一种治疗方式，涉及要逐渐重返你试图避免的情境，简单来说，就是要逐渐增加你的暴露量，比方说重返那些你过去因为担心恐慌症来袭而不愿意去的商店、餐厅或电影院。

焦虑VS恐慌

焦虑

· 通常都有焦点或触发因素。

· 形成和消退都要花上一段时间。

· 可能有，也可能没有生理反应。

恐慌

· 莫名其妙就出现了。

· 通常在十分钟之内会加重并达到高峰。

· 一定会出现生理征兆：心跳加速、流汗、震颤、胃绞痛。

改变信息

以下这些问题会点燃恐慌之火

· 我怎么了？

· 我要怎么做？

· 这种现象何时会停止？

· 我是不是要疯了？

· 是不是每一个人都注意到我快要发疯了？

· 如果我失控并且开始尖叫的话，那怎么办？

· 我需不需要去医院？

以下这些话可以抚平恐慌

· 这是恐慌，虽然不舒服，但是无害。

· 我觉得很害怕，但是我并无危险。

· 我没有问题。

· 这将会过去，只是早晚而已。

· 我会有这种感觉是因为我害怕，而不是因为我有危险。

广泛性焦虑症：自动导航模式的担忧

当魔鬼就藏在细节里时，每个人都曾经历过压力重重的时刻。赶上期限、追赶进度以及回复一大堆电子邮件这些工作，都会让人觉得就像在演电影《不可能的任务》一样。当这些挑战让人沮丧但仍属可处理范围时，我们说这叫现代生活；反之，当这些挑战不但不能创造动能，反而衍生出一张常态性的担忧列表，让你担心目前的生活、未来的生活以及他人的生活，让你紧张、愤怒或是快要掉下眼泪了，那就代表有别的事发生了。如果你有这种体验的日子超过没有的时间，这种情形持续六个月以上，那你可能患上了广泛性焦虑症。

一般的忧虑会随着响应生活中的压力而有起有落，但广泛性焦虑症的担忧不同，后者是持续、无法控制的，而且会让人精疲力竭。广泛性焦虑症的首要特征是过度担忧，从完全不能忍受约会迟到，到担心自己看起来如何、工作表现如何、你的朋友对你的感觉如何、你未来的财务和健康状况将会如何，无所不包。广泛性焦虑症的第二项特征，是任何一项小失误的结果，在你看来都和无可避免与无可补救的结果有关，指向充满灾难的未来。这类病症的患者讲话时的开头常会是：“如果……我该怎么办？”每一个问题或是假设性的问题都很复杂，要解决这类问题，要花的时间远高于应付可解决的个别真正问题。患有广泛性焦虑症的人，常常觉得自己的精力被时时刻刻无所不在的忧虑给消耗掉了。

对于广泛性焦虑症患者来说，一直觉得濒临极限，不断被严重的问题或灾难缠绕，也就是说他们一天之内根本没有一时半刻可以从忧虑中解脱出来。要做的任何日常工作，也是提高事情出错的机会而已。广泛性焦虑症患者在自己心里跑马拉松，不断地绕圈圈，想着现在可能会出现哪些坏事，或者未来会因此出现哪些问题，生理上的症状如疲惫、头痛、胃痛或全身酸痛，都很常见。杏仁核在响应最糟糕后果时，即便在不重要的情境之下，也同样会打开系统，动员起来。

当焦虑不断在认知上、生理上以及情绪上耗损这些广泛焦虑症患者时，他们真的受尽百般折磨。他们极为紧张，不断扫描环境以寻找麻烦的信号，对于生活，他们一般采取的态度是“现在出了什么错了？”他们可能无法集中精神或安安静静坐下来，身体经常会有毛病，而且非常容易沮丧或生气。如果你认知到周遭的事情经常濒临严重失误，而你有责任去防范，那你几乎不可能放轻松。

问问自己

·你是否感到担忧经常出现且无法掌握，而不只是在响应特定压力事件才出现?

·你是否经常觉得紧张又沮丧，而且会头痛、肌肉酸痛、疲劳或失眠?

·你是否一直在想什么事情会出错或接下来会发生什么事，以至很难享受各式活动?

破解密码：不见得每一次铃响都是叫你

广泛性焦虑症的患者觉得自己一定要持续地小心监看，但这表示当事人在生活中必须绕着几百个，甚至几千个假警报绕圈圈。

广泛性焦虑症的疗法，涉及要挑战患者认为担忧扮演了正面的保护角色：如果我担忧，我就可以预防坏事发生；如果我不担忧，坏事就会发生，而一切都是我的错。借由改变“担忧有用”的信念，广泛性焦虑症患者可以开始看到担忧的真实面貌。不管我们有多信赖自己担忧有理，内心深处我们都了解事实：担忧无法保护什么或预防什么，只是让我们难过，花掉无数的成本只为了持续保持警戒。

治疗的第一要素，是要培养出经常运动、练习呼吸以及放松的习惯，帮助身体舍弃高警戒的模式。第二项要素则是要学习如何能更好地活在当下、熟悉当下，而不要偷跑到最糟糕的情境中。强化认知代表你不仅在担忧启动时要能察觉出来，从而让自己有选择，也表示你要深深投入目前身边实际上正在发生的事物，并加以欣赏，这样做可以提升你从人生中获得的意义与满意度。第二章中的设定担忧时间及放个担忧假的练习，可以帮你设定时间限制，让你可以开始从焦虑手中夺回主控权。担忧不可以爱来就来，你要训练它变成“有预约时才接见”。

社交焦虑症

在某一种社交焦虑药品的广告当中，主角坐在桌子旁边，场景是监狱，上面只有一盏日光灯照明，周遭围了许多可怕的人物，仿佛在接受讯问。接着场景一转，你会看懂，这个对患有社交焦虑症的人来说仿佛身陷囹圄的困境，其实是餐厅里一场友善的谈话。

虽然我们都知道，当你要和某个人约会时，总会有些突发的不安时刻，我们会担心自己的手心出汗，害怕会冷场，这种感觉时而出现，时而消失无踪。最后我们总会热好身，进入状态。如果患有社交焦虑症，上述这些焦虑便会一直出现，每一刻都像是一场无法到后台休息一下的演出。

你觉得人们会看穿你，没有安全的地方可供你躲藏，即便你是自己一个人躲在自己的公寓里也一样。批评者牙尖嘴利，磨刀霍霍，拿最严格的标准检视我们的用字遣词（不够聪明，甚至很愚蠢）、我们的外表（发型不适合这个场合，有斑，衬衫皱了）以及我们存在的权利（你以为你是谁啊？）。

想要留下好印象、全心参与愉快的对话或成为大家眼中有魅力或有趣的人，不会有人把这些当成病态的行为。如果患有社交焦虑症，你会一直顾虑他人的检视，此举创造出的条件让你很难专心于社交，也很难准确地赞赏你遇见的“人事物”。

若患上社交焦虑症，你就无法在社交活动中慢慢地热身。你马上就觉得自己站在想象的镁光灯下，一直到回过神来，有所感觉为止；有时候，你甚至会觉得很热，全身汗流不止，你需要找借口离开，才不会在众人面前出糗。你觉得一直受人监视，一直被人打量。即便你是在自己的车子里、拿取信件或吃中餐，这些都是供他人检视的机会。就像许多其他类型的焦虑症一样，情境越是让你不舒服，你就越想避免，因此诸如接电话、出去约会或回短信这些事都被你避掉了，因为你不仅害怕自己会说错话或做错事，更担心会发生非常难堪或丢脸的事。

什么是非常难堪或丢脸的事？这就是让你打开社交焦虑症大

门的着力点。困窘的沉默，说话结结巴巴以及面红耳赤这些事，是每一个人在某个时候都会有的经历。我们不用拿着明亮的镁光灯往这些地方照，我们可以学习一些方法，对这些事一笑置之，忽略它们，然后继续。无须讶异，当你学会如何不把这些当·回事时，它们出现的频率就会大幅降低。

破解密码：开除评审（或者把评审的麦克风关掉）

有一个无所不在的批评者检视、批判你的一举一动，难怪你畏首畏尾什么都不敢做，甚至不想呼吸（你的呼吸声音可能太大，或者动作看起来很奇怪）。有效治疗社交焦虑症的方法，牵涉重新建构认知，也就是我们所说的“开除评审”，让现实来检视你的恐惧。你不要任这些检视审查夺走你全部的注意力，你可以重新贴上标签，认定这些批评检查的来源正是你保护过度的大脑，把不断批评你的存在的声音视为背景噪音，借此降低它们的重要性。否则的话，你真的很难专心在目前的谈话当中，或许直觉上你也知道必须安抚这些焦虑，在治疗上还有两个非常有用的步骤助你一臂之力。

利用第五章的泛滥技巧，你可以具体行事，点出你犯的错并极力夸大，一直到让人觉得太荒谬了为止：我一定会让我自己像个大笨蛋，我一定一个字都说不出来，这将会是人类历史上最糟糕的对话，她会大叫着跑开，还会有一大群人跟着她跑。在一开始，走进洪水里是你最害怕的事，但如果你坚持，你将能降低敏感度，打破魔咒，把这些想法当成人生的滑稽荒谬夸大版。你可以想出一句简单的话来描述这场洪水：东岸最逊的谈话者！我来了！借此提醒自己，实际上你并没有危险。

之后，你要实际演练，先练习在没那么重要的场合里出现，比方说你不常去的商店，或是和商场里的推销员交手（反正你下次会避开他们），在店里问问题。选一位最安全的朋友打电话给他，或者更好的是，你可以找你根本不认识的人演练。一星期练习出现几次，每一次都要多尝试。通常在提出第一个问题之后你会变得更焦虑，但问到第三次要结束练习时，你会觉得自己熟练了，而且也有成就感。

问问自己

· 你在社交场合是一开始觉得很紧张，之后就能热好身，还是一直觉得害羞敏感到连自己都受不了？这些感觉会在整个互动的过程中一直持续下去吗？

· 你会不会经常觉得有人在审视你，让你很难专心或思考？

· 你在要去社交场合时会不会先预测你一定会做出一些让人尴尬，甚至丢脸的举动？

创伤后压力症候群

当你自己有或见证濒死经验，或者你察觉到有什么威胁你或其他人的生命或人生完整性，你会不知所措。当时巨大的恐惧与压力，会压过你处理感觉、视觉、听觉以及嗅觉所获信息的能力。将近百分之七十的成年人在人生中都经历过创伤事件，可能是暴力或侵犯行为、交通事故、自然死亡或战争经验。根据定义，创伤事件指的是，以恐惧、恐怖或无助响应的事件。在经历过创伤事件的人当中，约有百分之二十的会出现创伤后压力症候群。自然恢复过程和创伤后压力症候群之间的差异很难分辨，但两者其实非常不同。在自然恢复过程中，会出现悲痛、难过、哭泣、痛苦、愤怒以及逃避，随着你度过预期中的接受阶段，这些都会消失。

一般而言，当你努力要走出创伤事件时，你会体验到逐渐地恢复，慢慢回归日常生活的活动，找回意义和连接。若是出现创伤后压力症候群，悲痛和恐惧就一直停在那里，而且心理和身体会通过纯粹生理学且非自愿的方式（对患者而言痛苦不堪）重新设定，一直留在准备应付、保护、抵抗的状态。因此患有创伤后压力症候群者的反应，通常很极端且无法预测，甚至对他们自己来说都是如此。他们一直想着创伤，可能觉得根本无法去想任何别的事，因为心里不断地播放事件的每一个方面，而且巨细无遗。他们可能会梦到事件重现，而且会发现自己一直都处于警戒状态，随时准备好响应危险的线索或信号。

因此，对于患有创伤后压力症候群的人来说，突然之间跳脱出当时的行为举止，非常常见。比方说，他们会突然表现得好像有一辆车快要撞上他们，或者肾上腺素突然升高，突然无法控制地痛哭。虽然这些举动在周遭人眼中看来很奇怪，甚至对患者本身都是如此，但这是完全合理且预期中的反应，其根据是大脑侦测到和过去创伤事件的某些方面很类似的信号，因而展现一触即发的反应。重新经历创伤当下的感受，即便此时此刻出现的并非创伤事件，这种感觉本身以及引发的连锁效应都很叫人难过，尤其是有的时候可能会没来由地重现景象。因此，创伤后压力症候群患者在安全的小圈圈外能涉足的范围非常有限。

被锁在创伤的时间刻痕里造成的第二个结果是，患者会出现一种透视未来的感觉。他们会对自己的世界观失去信心，得出结论认定，想象这个世界可能会有所不同，这是徒劳无功的。

幸运的是，我们已经有了极有效的创伤后压力症候群疗法。虽然治疗极富挑战性，但疗法通常可以有效率且有效果，患者常常难以置信，不相信自己确实可以突破之前的无助局面。他们可以悲痛，或是用任何虔诚的方式去处理实际上发生过的事，不用卡在永无止境的可怕反应循环里。

问问自己

·创伤记忆是否主导了我人生的其他方面，不断干扰我的情绪？

·我会不会对于提醒我创伤的情境感到难过或是必须避开，经过练习之后，要应付这些情境会变得轻松一点，还是我宁愿每一次都用强烈的态度去响应？

·我会不会做噩梦或视觉重现，再度经历这样的创伤？

·我会不会一直很易怒、欲流泪、无法放松，而且对于威胁的信号提高警觉？

破解密码：现在并未发生当时发生的事情

大脑有很多方法可以帮助我们，让我们理解与消化痛苦的经历。创伤研究人员解释，我们在面对威胁生命的事件时经历到的恐怖，让我们通常用来处理事件的装备呆住了、不知所措而且完全停工。大脑会把应付这个事件或从中生存下来列为优先事项，处理该事件引发的情绪，就得等一等。因此，烙印在感官里的创伤数据和细节是独立、静态的图像，少了说明。当患者在响应这些他们亲身经历过、让人无法承受的资料时，他们会重现景象或关闭身体功能或者两者兼有，并让感觉麻木。

接受治疗后，创伤后压力症候群患者可以慢慢地处理与整合伴随创伤的情绪，一次一个画面或一段记忆，以编写出一致的说明，帮助他们在身体与心智上不要采取激烈反应，仿佛事件重现。创伤后压力症候群疗法另一个重要方向，就是它有助于帮患者把故事说下去，不要一直停留在最糟糕的时刻。到最后，治疗可以帮助患者回去说完这个故事，可能是他们自己或他人如何存活下来。如此一来，便能创造出理解与接纳，去处理他们无法控制的部分。

第三篇

内观思维，修炼自身

我思，故我在。

——笛卡尔

笛卡尔说："我思，故我在。"到目前为止，我们学到了如何去管理这句名言的焦虑版，也就是：我认为我一定会完全搞砸，因此我一定会完全搞砸。我们知道，光是想不一定会实现，四大步骤也可以帮助我们远离最初的恐惧、怀疑与自责，让我们去处理生活中的实际要务：这是放在最小箱子里的那个部分，但也替我们开启了最大的可能性。

在这一篇中，我们要检视拼图的其他方面，了解如何有效地戒除焦虑。这些部分是：

我们的感觉：当我们焦虑时，我们需要理解的不仅是想法，更要去分析心里或胃里燃烧的野火（要看你那一把火出现在哪里）。感觉会冷不防地攻过来，学校里没有教感觉这一门课，但我们可以用很多有效的做法去处理感觉，让我们不仅可以安抚感觉，更能找出一开始是什么因素引发感觉。这是我们要停驻的第一站，也是第九章的主题。

我们的优势与资源：因为焦虑和负面思考引出我们身上最糟糕的一部分，或至少强调了我们最糟糕的时刻，因此我们要专注于如何找出优势及确保优势。所谓优势，指的是能支持我们的特质，它不会随着人生起落而变质。不管我们有没有花时间去找出自己的优势，优势一直都在，所以我们与其在黑暗中摸索，不如善用第十章提到的机会，清点出哪些是我们自身拥有、最可仰赖的特点。

我们的期望：影响焦虑的第三项因素，是我们对于生活中的事物应抱持什么样的期待（通常自己不自知）。跨进情境时，我们预期大家会喜欢我们，对我们说他们有多爱我们；会预期我们的日子可以顺利起航，不会被拖住；会预期大家对我们所做的一切感到心满意足。当期望与这个世界相遇时，总是会有一边受伤，受伤的通常不是这个世界。

在第十一章中，我们会学到如何抱持很棒的期待。所谓很棒，是指这些期待对我们的福祉来说很棒。虽然我们希望大家都爱我们，听我们说话，做我们说的事，但预期这些事真的会发生（牵涉其他人时），则是完全不同的事。因此，着重在我们可以控制的部分，我们将会学到如何以有益的态度来看待期望，并让预期和正确说明事情为何成功或不成功的解释相配合，这样一来，我们才能因为改变需要改变的地方而有功，并找到方向改掉必须改变之处。

我们的美好：到目前为止，在我们做的这么多辛苦工作当中，大部分重点都在于探索我们的心智出了什么错以及我们该如何修正，因此在第十二章中，我们要看看可以用哪些方法定期将有益的经验带入人生当中，比方说感激、同理和慈悲，这样做不只对我们自己有益，也能造福大众。

9. 强化内在沟通系统，善于与自己对话

你无法阻挡浪潮，但你可以学习冲浪。

——杰克·康菲尔德（Jack Kornfield）

在成长过程中必须和患有酒瘾以及抑郁症的老爸共度，弗朗西斯的童年相当难熬。除了不时上演的戏剧性场面之外，每天都如履薄冰，他完全不知道爸爸今天的心情怎么样，什么事会让他爆发，妈妈又能否想出办法维持和平。在弗朗西斯家要活下去，意味着你不可以表现出情绪。如果你害怕，不仅没有人抚慰你，更会衍生出问题。弗朗西斯小时候就知道，表现出情绪会让他变得脆弱，还会让其他人愤怒，因此他训练自己要低调再低调。

弗朗西斯努力工作，照顾比他小的弟妹，并往外发展，为自己追求美好生活。但现在，他的妻子抱怨弗朗西斯在情感上面很疏远。她也许知道有些事让他很苦恼，但是他从不愿谈。当太太对他生气，或只是她自己生气时，就这样了，没什么好说的，弗朗西斯觉得自己根本无力招架。他学到的教训是，情绪是很严重的东西，无法处理，而且情绪会引发难堪的场面和难受的感觉，因此他把情绪关掉了。虽然他尽心尽力要做好丈夫和父亲的角色，但在他们的婚姻里面，有太多禁止进入的禁地。

在接受咨询时，弗朗西斯坦承，当有什么事让他难过时，他可以感觉到自己的身体僵硬紧绷，他可以"看到"心里的高墙竖了起来。他不喜欢自己把妻儿拒于门外的态度，而且他也痛责自己，因为他早就知道自己是问题所在。这些事妨碍了他们一家的亲密，他觉得自己的做法很不当，但又不知道还有什么方法可用。

最后，弗朗西斯终于原谅自己，并了解他过去学到和情绪相关的知识，现在看来似乎是“错的”，但在童年时学着生存下来，绝对是一件对的事。他开始问，如果我不要竖起这些高墙那会怎么样？实际上会发生什么事？我会崩溃吗？或者只是觉得不太自在？不太自在只是感觉而已，而且是我自己的感觉。他也开始想象一面完全不同的墙。他不再看到孩提时为了保护自己必须构筑的碉堡，现在的他看到的是一堵布满青苔的低矮石墙，就像家乡爱尔兰排列成行的那些石墙。他觉得待在墙后很安全，而这些墙是活的、可穿越的，墙缝中还长出植物和藤蔓。他可以隔着墙和妻子对话，不会失去他本来的立足点。他也开始把这套想象运用到工作上。知道他可以让周遭发生的事走进心里，自己不会被感觉打败，这让弗朗西斯觉得开心多了，与他人的连接也更紧密了。以认知行为疗法的术语来说，他是“让自己服用”感觉，一次一点点。

情绪：挡路还是引路

我的侄女爱丽森三岁时，她弟弟以萨出生了。开车从医院返家时，她爸爸问她，多了一个小弟弟有什么感觉。坐在安全座椅上的小爱丽森谨慎地停了一下，而后很严肃地说：“我觉得就像呕吐一样。”宝宝居然说出这种话。

如果你想要去掌控，你会觉得感觉变成一个问题。感觉很麻烦，难以预测，而且，很可能就像呕吐一样，你觉得无法控制，而且有什么事出了错。有什么东西从深处冒了出来，这本来是不应该存在的。感觉通常会一次全部出现，而不是分成你可以处理的片段。我们担心感觉会淹没我们、掌控我们，而且没完没了，因此我们试着不去感觉。

在生存本能主导之下，我们不会乐于一头冲向之后没有办法退出的情境。感觉藏在它们的隐身之处，随时威胁我们要跳出来或溜出来，突袭我们或让我们倍感尴尬，在我们勇敢面对这些感觉之前，这一池的春水绝对无法平静。但请你问问自己，这些感觉真的代表紧急情况吗？或者不管如何让人难受，有时候甚至令人痛苦万分，这些感觉实际上是对我们的警示，让我们了解自己到底发生了什么事？

你的感觉体验或许不像上述的弗朗西斯这么戏剧化。你的感觉可能并未威胁说要消灭你，但同样地，你可能也认为感觉不舒服、让人尴尬或者难以控制，因此想要尽可能地去避免有感觉。但这样的做法不会有用，因为在你理性心智的背后，感觉仍纠缠不休。在本章中，你将会学到，直视这些让人不自在的感觉并接收只有它们能传递的重要信息，比你想象的更安全。要能做到面对与接收，你需要去学习感觉的特性，你需要学着如何在浪潮上冲浪。

焦虑感或许会像敌人来袭一样攻击我们，实际上，这些感觉更像是来自心海深处的内部备忘录。很重要的是，要知道你的情绪里面有什么。你会想要强化自己的内在沟通系统，以便找出这一连串反应的开头。借由了解感觉的运作，你可以安全地进入感觉当中，从这些备忘录里梳理出你需要的信息，而且你非常清楚，你可以找到出去的路。

若非如此，你会一直想着有事出了错，你必须停下来，如此一来，你将创造出更多的焦虑。感觉有时候会让人觉得挡路，但实际上，感觉本身便是你要走的那条路。有些感觉可能太过恐怖，让人不敢去想，比方说：

自我怀疑：我不像我自己以为的那么好，我是骗子；

悲痛：我太太不再爱我了，我将会孤独终老；

愧疚：这场意外是我的错，我是一个不负责任的人。

但你需要频频回顾这些感觉，因为它们会一直在那里，耐心地等待你去理解。你甚至会发现，当你可以鼓起勇气去重新体验这些感觉时，一切都不再是那么回事了。当你相信你可以承受焦虑与负面感受时，你的认知就改变了。你已经脱离觉得自己身处不可应付情境中的感觉，能够看着自己去克服这一切了。

在直接应付感觉时，我们会学到新的关联，并开始将感觉视为尽忠职守的好信差。我们不再急着逃跑找寻掩护，反而会摆出欢迎这些感觉的姿态。我们了解了实际的情况，不再躲避自己，因此我们可以预见自己将能从感觉中恢复，甚至获得解脱。我们会从“我应付不了”变成“这会帮助我去应付感觉”。

为何我们害怕感觉，想要叫感觉停下来

我不想再感受到任何不舒服。

没有人想要承认自己抱持上述这样极端的观点，但没错，当我们难过时，这个想法就盘旋不去。当事情的发展让人觉得很糟，我们就会想要离开，而且是快速离开。你会觉得感觉糟糕到超过你能承受的地步。我妈妈得了癌症，我的公司正在精减人员，我没有拿到合约，我先生想要离婚，我的小孩患有糖尿病。你看到波浪朝你袭来，你恐慌，然后奔向另一个方向，仿佛这样你就可以躲开灾难。你认为如果让自己完全去体验这股浪潮，它

会将你淹没。但你真正要逃离的到底是什么?

感觉是信息。我们防备自己，拒绝接受这些信息，这样的最初反应没什么大问题，但是这并不会让信息消失。感觉真的有这么糟，还是你对感觉的恐惧阻碍了你?我们对于痛苦感受到的痛苦，一直拖累着我们。以焦虑响应不安，启动了警报，但是用一个警报来处理另一个警报，是没有用的。当你阻止创造噪音的反应，你也限制了信息的传达，并妨碍信息随后的消退。你的恐惧与信念让这些不知道是什么的感觉一直无法冒出头，情况因此越来越糟。

听起来似乎有点违反直觉，但如果我们希望感受更好，我们需要学着去管理感受很糟糕的时候。因此，目标不是要排除感觉，而是要排除对感觉的恐惧。你不要把负面感觉看成出了错的事物，你需要学会如何安全地踏进负面感觉，接收一开始引发这种感觉的重要信息，然后开始解决问题。你不想扰乱引起感觉的信息，你要能腾出专线，以便接收任何感觉的来电，比方说嫉妒、沮丧或悲伤。

感觉是先进后出

情绪会先抵达然后发号施令，在你根本不知道为何要这么做之前就要你去回应。你碰到一位老友，在你还没来得及想到说：嘿，你冷落了我和我太太，没有邀请我们去参加你的婚礼，你就已经胸口一紧，脸部的线条也拉了起来，很难摆出笑脸。在你想起来当中的缘由之前，你就开始生气了。事实上，如果你有机会细想一遍的话，对于要如何响应这样的情境，你决定的态度会比你现在的自发表现更强烈（更生气）。大脑天生的设定，就是要在认知之前先感觉。

我们害怕感觉，是因为感觉通常会显露经验中最糟糕的部分，抢在理性心智出现之前。你要相信的是，虽然理性会晚到，但它一定会来。因此，如果你可以和不适的感觉共处，你聪明的心智将能协助你理解到底发生了什么事，之后你就不会觉得被不自在的感觉包着，喘不过气来。你会有办法走到感觉的另一边去，回过头看看发生过的事。

强烈的感觉会随着时间消退

人的身体会根据恒定状态的原则来运作：设法维持一个稳定的状态。感觉涌现的速度很快，并在到达高峰后开始消退。感觉出现的速度比消退的速度更快，但并不表示不会消退。

当我们感到害怕、愤怒或难过时，感觉加温的速度会非常快。虽然感觉需要花比较久的时间才会消失，但很重要的是，你要告诉正在体验强烈感受的自己，感觉终将过去。这样做可以帮助你更快走到终点。当妇女在分娩时，她们通常会看着监视器，看看子宫收缩的强度，当痛到顶点时，她们就知道这些痛过去了，现在开始要减缓了。虽然我们无法随身携带监视器，但你要记住，感觉最强烈的那个时候，是在痛苦程度或强烈程度图形的另一端。随着感觉开始消退，代表迂缓的图形也即将出现。下一次当你和某人争执并因此感到沮丧难过时，试着对自己说，我等下就不会感受到现在的感觉了。有时候，光是这样想就能让你的感觉有变化，而你也可以更快把你手上这半边的愤怒绳索放开，设法让感觉消退。如果你的焦虑对故事的响应是：这太可怕了，我无法承受，我做不到，不应该发生这种事的。此时请你服用一帖解药，想着：这很自然，这很难熬，但这是真的，而且这也是暂时的。如果我能凝神倾听我感觉到什么，我将会知道如何照顾自己。

可强化管理情绪的工具

策略一：想象你能与感觉拉开的距离

当你被席卷而来的情绪扫过，你会很害怕，认为你和感觉分不开或无法逃脱感觉。我们不喜欢失去自我。此时的你，反而要从感觉当中认定自己，并且就像冥想大师兼医师乔·卡巴金（Jon kabat-Zinn）说的，要把感觉当成经过你晴朗天空的一阵风暴。这些感觉是你的，但不是你。你可以想象这是一阵吵闹、狂乱的风暴，有乌云、大雨、狂雷和闪电。但就像它们会出现一样，它们也会消失。想象一下，风暴过后的天空是什么样子。

把你感受到的感觉想象成天空中那一朵大型的风暴云。这朵云是什么颜色？形状呢？天空里还有没有鸟儿飞翔，有没有刮风？看看这些风暴云，注意到它们会移动。看看天空，清澈如昔。你能不能在心里想象有一阵温柔的风吹散这些云朵？天空里或许还有一只风筝，温柔地飞翔。或许你也会想到山顶下的风景、海滩、你自己的家，或是一片开满鲜艳野花的原野。当你把整个心放在这样一幅画面上时，你给肾上腺的能量就变少了，而且当你呼吸、聚焦时，也就创造出一个接受与冷静的核心。当你知道哪里可找到这个核心时，你会发现，自己越来越常在这附近出现。

想象你把感受到的感觉拿开，放在舞台上或电影银幕上。你能不能描述感觉，或用银幕的框架来看感觉？你能不能更往戏院后方走，在中排坐下来，和你的感觉对话："我知道你正试着要帮助我，但我感觉像是你现在正在伤害我。我现在需要学的到底是什么？"

如果你觉得一切都正在分崩离析，试着想象你有一个强韧的编织篮，编得密密的，稳稳地把一切紧紧绑在一起。

或者，如果情绪打击你，让你一片混乱，请你往后站，想象有一股小风暴经过你面前，叶子纷纷落下。想象你把让自己倍感困扰的感觉放在这些叶子上面。这股风暴就像你一样，强烈地波动，而叶子就像你的感觉，是乘着风暴而来的暂时性混乱。

策略二：衡量强烈程度

衡量你的情绪温度。当你很难过、过了五分钟还是认为自己同样这么难过时，你就很难去感知当中细腻的转折，很可能你的感觉已经比五分钟以前稍微好一点了。你需要工具去监督情绪的强度。你可以使用一分到十分的指数，或是低、中、高的分类方式。监督情绪的强烈程度会给我们希望，让我们看到最糟糕的时候已经过去了，即将解脱。通过注意这些差异，给了我们一个非常有希望的信号，那就是感觉是会变的。你不一定永远都会感受到现在的感觉，这是暂时的。

策略三：邀请感觉进入，让其他人也一同体验

不要觉得情绪正在毁掉整个情境，你可以根据你是主事者这一点站稳自己的立场，变成邀请感觉进来的主人。告诉自己你现在的感受是全世界的人都曾经感受过的，可能会让你觉得安慰一些。在任何时候，都有其他千百万人也在经历类似的体验。这会让你感受到的感觉变得寻常，让你不会觉得只有你孤身一人陷在这个经验里。不管你搭上线的对象是其他因为失眠而感到痛苦的人，是怀疑刚刚失业的自己要如何养家糊口的人，还是担心自己小孩的人，都可以。人类的情绪与经验非常多变，但同样地，也非常类似而且共通。

代表接受的说法

- 有这种感觉没有关系。
- 这是自然反应。
- 有这种感觉很正常。
- 这伤不了我。
- 这种感觉很不舒服，但不见得无法忍受。
- 我现在就处于这样的感觉当中。
- 我将会撑过去。
- 这将会过去，这只是我现在感受到的感觉。
- 几百万人都了解这种感觉，现在也都在经历这样的感觉。

策略四：同理与接受，从自己做起

“我讨厌自己有这种感觉，我不应该有这种感觉。我必须阻止这种感觉。”当你真的觉得很糟时，再贴上“这是错的”标签，只会让情况更糟。实际上，你是在扭曲问题让它变得更严重。你可以采取相反的做法，用以下这些话训练自己，去接受你的感觉。

若少了同理心，你就必须在心里拔河。有一部分的你会说：“这是我的感觉。”而另一部分的你则说：“我不应该有这种感觉。”对许多人来说，生气或难过时的快速反应设定，是童年时代留下来的习惯，或者是目前人生中重要人物（比方说配偶）提供回馈反应后的结果。虽然这些反应设定会深深烙下印记穿透你的心灵，但请回忆一下神经可塑性的神奇之处，还有请记住我们的大脑有能力为了新的方向而脱离原有的轨道。你可能需要重新教育自己，明白要你接受和情绪有关的不健康且无益处信息是很困难的事，但同样地，把信息传给你的人同样也需要同情与关怀。他们可能也困住了，无法了解人生这一面，而且可能也不知道还有其他选择。

问问自己

· 现在我真正害怕的是什么？
· 这股恐惧合理吗？
· 这是我可以应付的吗？
· 我真正的感受是什么？
· 我正在对自己说的故事是什么？
· 我要从这次的经验中学些什么？

策略五：呼吸VS紧绷

如果说，把自己缩起来、绷得紧紧地去抗拒感觉，这种做法就像是不断地用手压下痛苦的“启动”键，那么呼吸就是我们用来关闭这个按键的方法。回过头去看看第二章中的策略，练习特意的呼吸法。去感觉身体如何在你呼吸时放松，尤其是你的胸部和腹部。当你的大脑收到冷静的信号时，将会把一切安全了的信号传到你的全身，有助加强、强化这种感觉，不要一直想着“放松”，要想着“呼吸”。

策略六：做一个旁观者而不是参与者

当你在内心找到一个平静安宁的地方，你就找到了更好的位置，可以观察你有哪些反应，而不光是做出反应而已。通过这种方式，你更可能选用不同的方式来响应目前正在发生的事。从身为旁观者的立场上看，你会发现自己不需要响应每一股经过的力道。以你的想法来说，这表示你改变了观点，从实时响应发生在你身上之事的行为者，变成旁观者，认为感觉与指导性指引就只是信息而已，而不把它们视为命令。当你注意到自己开始随着某种感觉打转，不要去对抗感觉，可以试着去描述它。“我的小孩不听话，现在让我很难过。我觉得胸口很紧。有这种感觉没关系。就像其他人一样，之前我也有过这种感觉，感觉会来，它也会走。我不会永远都有这么强烈的感觉。”就像我对我的患者说的，“说就好，不要吼”。通过描述现在正在发生的事，感觉会放松加在你身上的桎梏，而你也能够回到一个能掌控自己的位置。

在混乱当中找到信息

当你越来越能自在地对待感觉经验时，你可以再深入混乱当中，就像出色的游泳选手潜入池底找东西一样。你可以深入内部，相信自己有能力活下来；你可以在这些波浪起伏的水中游泳，一直到你拿到你要找的信息为止。

当感觉太过度时

有时候，有些经验会比平常更痛。比方说，有人过世了，或者你丢掉饭碗；医师告诉你，你的癌症恶化了，或者你得知医学院拒绝收你。这些影响一生、冲击你整个系统的震惊，很难快速消化吸收。我们到目前为止讨论过的策略，在你面对这些情境时可以帮上一些忙，但你要特别注意某些警告。首先，不管你的感觉是什么，接受感觉都会是有用的做法。不要启动内心的“有事不对劲”反应程序，永远都不要，而且当真的有事不对劲时尤其如此。其次，你可以提醒自己，像悲痛这种强烈的感觉会像大浪一样袭来，就像所有感觉一样。因此，当你发现自己突然哭了出来或是感觉极度悲伤时，可能会吓一大跳。这是身体在调节自身步调的方法。你要知道，感觉会来，也会走。第三，你需要调整自己的步调。不论感觉是什么，请允许你自己尽情去感觉，或者你也可以做一些例行公事，比方说出门办事，让自己和悲痛划分开来，或是暂时休息一下。

你没有忘记你的人生发生了什么事；你悲痛，但是你去采买杂货，甚至还买了一双鞋。这就是双重人生：你悲痛，但是你活着。你可以和一种普遍的悲痛感觉搭上线，这种感觉是其他千百万人也经历过的。通过这种方式，当你偶尔觉得非常寂寞时，就因为知道并不是只有你一个人经历过这套自然的过程，而得到一些安慰。

浅谈发泄，以及在面对感觉时不需要做哪些事

有些人受过“把感觉发泄出来”这种思考方式的训练，在这套训练里，填充娃娃或者沙包等是完成这套过程的必要装备。很多书都倡导要多捶捶枕头或类似的东西，帮助感觉发泄出来。但研究发现，这类实际上的发泄行动可能会产生反作用，不利于安抚你的神经系统。捶打以及其他暴力动作也会激发肾上腺系统飙高，但这也正是你想尽办法要安抚的系统。因此这些行动会让问

题越来越严重，而不是逐渐缩小。吼叫这种口语式的击打也属于实体发泄，同样也可能让你的警报器响个不停。另一方面，畅谈你感觉到的东西，则可以强化你觉得获得反馈以及求得协调的感受。其他身体活动如散步、运动或跳舞，可以帮助你感受到情绪平衡，而不会让你觉得不太对劲。

戒除焦虑实例

苏珊和比尔遭遇不孕的问题，这让这对夫妇痛苦万分。五年来的希望、痛苦、失望与精疲力竭，让他们疲乏不堪。虽然两人比任何人都清楚这当中的滋味，但比尔和苏珊就是不愿靠近这股痛苦。没错，他们会哭，但他们没办法好好去看待这件事。他们转而生对方的气，这是一个很好的方法，让他们可以保持安全距离，就像他们在讨论不孕时说的，不要轻易“跳进那个问题里”。他们认定不孕症治疗无效，而且他们觉得孤独，彼此非常疏远，却又不知道如何回头来重新信任对方。

在治疗时，他们明白，两人都想要，也需要说些什么，因为什么都不说挡住了他们的去路。他们谈到自己觉得不舒服的感受，以及他们有多想要责怪对方。他们发现，过去对他们来说太可怕、想都不敢想要说出口的话，一旦他们真的说了，反而都解脱了。他们两个以前都觉得把这些话说出来太过分了。但现在，他们支持对方，并开始觉得不孕并不完全是痛苦与损失，因为在一起经历过这些事之后，他们在对方身上找到一股更深的信任。这是他们曾经拥有过的。

一想到工作，贾斯汀能感觉到的，就是一股让人头晕目眩的恐惧感，别无其他。他说："我试着不要去想。每次我一想到这件事，不管是星期天晚上或是早上起床时，那种感觉就在那里，就像是一股黑暗力量。"贾斯汀越是逃避去想工作的事，可怕的感觉越是与日俱增。当他能够勇敢地打开大门，直视他的惧怕时，他同时也看清了，对他来说，这只是过渡期的问题而已。他真的去上班时没什么问题，让他无力招架的，是一股预期中的恐惧感。一旦明白了这一点，他可以重新把这些感觉贴上标签，当成是他的预期，也明白这只是暂时的，而且会为这次的经验增添全新的美好意义，让贾斯汀有能力度过过渡期的动荡起伏，知道一切都是暂时的。

当你感觉害怕，你关闭感觉，把它当成警告你的红色警戒。如此一来，你无法看清楚这种感觉到底是什么，也无法脱离它，构成的是双输局面。如果你改变想法，想着"我有点惧怕，这没关系"。当你接受现在你的感觉便是如此（这不是你想要久留的情境），那么你的反应程序就会从红灯转为绿灯。第一步是别说你的感觉是错的。接下来，你要说"有一部分的我觉得有些惧怕，但另一部分的我或许可以感受到其他的东西？"如果你暂时把这股惧怕放在一边，你可以看看，还有什么别的？当你接受感觉时，它们就开始消退了。

试试这个

当感觉来敲门时，你可以改变你打招呼的方式。不用紧闭大门，把所有的灯都熄掉，假装没人在家，你反而要摆出"欢迎光临"的踏脚垫，邀请这位信差进门。

"不管这是什么感觉，都会对我有帮助。我要先收到信息。这不会让人觉得舒服，但并不危险。我可以先欢迎感觉进来，然后一点一点地去了解它。”一开始先让感觉稍坐就好，无须久留。想一想本章稍早提过的波形图，去体会就算感觉非常强烈，但在另一边，感觉将会烟消云散。人就是这样长成的，浪潮会打来，浪潮也会离开。一切过后你还是会站在那里，而且在这段过程当中，你将会得到非常宝贵的观点。

你自己以及其他人

体验到自己的糟糕感觉冒出来，是一件不太舒服的事，但其他人的情绪也可能让我们不自在。请记住，别人的感觉也是他们的重要内部备忘录。我们最好不要抑制对方的感觉，但我们可以帮助他们改变信息传达的方式。请记住，当信息以愤怒的形式出现时，通常是因为传达信息的人本身也在和自己的感觉奋战。你不要觉得受到攻击，你要明白，他们的强烈反应也是出于警报器大响的杏仁核。

帮助你的配偶、孩子与同事，让他们了解你想要知道他们有“什么”感觉，但如果他们用现在的态度来说，你很难听清楚信息是什么，因为强烈的信息也会启动你的杏仁核。事情慢下来，每一个人都可受惠。如果你们双方都花时间先让自己冷静下来，很有可能，冲突实际上将会消散，不会升高，那你们的冲突将会在十分钟，甚至二十分钟后消失。对方越能深入了解自己的感觉是什么，对你们双方越有利。你要对他们强调：“我知道你真的很难过，我也真的很想了解你的感受。且让我们慢下来；当你用这种态度说话时，我真的无法听到你在说什么，你能否告诉我到底发生什么事了就好，我希望能解决这件事。”他们可能会很惊讶你居然没有反击，可能也会马上解甲，这样将会增加各方都能在和平之下赢得胜利的机会。

10．先收集优势而不是先想到缺点

做你自己，其他人已经有人做了。

——奥斯卡·王尔德

你是最后一个才知道的人吗

派对上很流行一种游戏，参赛者在卡片上写上一个名人的姓名，然后在当事人没看到卡片内容的情况下贴到对方背上。除了你之外，每一个人都知道你是谁，而游戏的目标是要大家四处走动，提出一些关于“你”的问题，一直到你猜出自己的身份为止。说到我们自己的优势，很多人每天都在不知情的情况下玩这个游戏。每一个人都看见你的特性、能力，以及你用只有你做得到的特有方法去做事。但对于这些事情，你根本完全摸不着头绪。也许有时候我们会窥见自己。然而，通常我们的虚心、谦逊甚至是自我厌弃，都挡住了我们的路。如果我们也能看见别人看到的，我们会不会有更好的表现？

如果你要从逆境当中恢复，就必须利用自己的优势推一下，才能让反弹的力道动起来。那么，我们要如何抓住这些巧妙躲开我们的优势，还有，我们为何经常不愿意这么做？从某方面来说，找寻自我优势，是人力资源发展部门研讨会里让人不自在的婆婆妈妈式练习之一，每一个人私下都希望轮到自己时可以溜出去打电话，或是去拔牙。但从另一方面来说，一件事让人不自在，并不表示它就没价值。当焦点一直放在不足的地方时，你很容易就忽略了自己的强项。优势是可以让你成功的因素，是帮助你脱离负面心态的主要力量。了解自己的优势，可以帮助你更顺利地走出自己的路，不管你面对的是人生的顺境或是逆境。

如果你可以自在地接受清点个人资源这个想法，那么本章中提到的各个概念将可以帮助你定期盘点优势。很重要的是你要不时去做这件事，因为你可能会发现一些之前没有找出来的方面。这是因为随着你继续成长，你所珍视的、看重的事物也会随之改变。反之，如果你已经习惯自贬，请记住，不管你在心里如何打击自己，都不会改变你这个人。你的基本特质仍完整无缺。不管你看不看得见，它一直都在。

重新思考优势：什么事都算数，什么人都算数

不管你是治疗癌症、教授长大后会治疗癌症的孩子小学数学、为早餐谷片广告撰写广告词还是为家人准备营养早餐，什么事都算数。判定优势的基础并非外在的市场价值，比方说你的退休金有多少。你知道市场会有高低起伏，因此金钱价值不是你用来立下雄心壮志的稳定目标。反之，你要利用自己的特质去了解最真实版本的自我。你是不是真的想成为最后一个知道自己是谁的人。抛开算计、批判以及和别人的比较，你可以善用这个深入的机会去找出属于你无可磨灭的价值。

欣赏彼此（以及我们自己）最自由的方式，是跳出比较框架之外来看。如果每一次我们觉得不够好或艳羡他人时，我们要停下来，而且不要在内心深处的黑洞越挖越深，反而要给这些第一反应重新贴上标签，之后我们可能会发现一项确定到不能更确定

的事实，那就是我们身边处处都有出色人物。一开始让人不安的时刻，事实上揭露了更多信息，让我们明白我们所爱的人生与自我认同是什么。你会这样想：我要和这些人一起工作，我要从这些人身上学到很多，这是多么幸运的事。当你快速地在别人无法看见的内心里重新自我调整时，他人可能也有类似的行动，以应和你。他们会注意到你的口味、你的善意，而且他们不觉得受到威胁，反而非常乐见这样的改变，也会试着效仿。想象一下这样的欣赏传染力有多大的潜力。

把镜子变得更可亲

如果有机会，每个人都可以快速地讲出自己的缺点。但请注意一下，当我们同样有机会列出自己的正面特质时，整个房间里出现的居然是一场奇怪的静默。会有这样的问题，部分原因在于你甚至不太确定自己真的有正面特质。了解自身的弱点是相当重要的信息，可用来保护自己并从逆境中恢复。但这样的认知，重点仅止于自我保护而已，无法帮助你成功、成长，也无法帮助你找到最适当的朋友，充满活力的情境、伙伴或是满足感。把所有的错误连起来变成清楚的图像，并不会让你成功。在二十世纪九十年代末期，正在发展中的正向心理学领域重新调整了自我反省的那面镜子。他们不再着重于弱点、缺点或疾病。新的角度看重的是你能快速地指出在你人生方向中可以顺利运作的事情。虽然这并非解决问题本身或其他相关问题的方法，但这种以优势为基础的方法确实有助于平衡整个认知。

这种方法的重点，在于要准确而且以事实为本，然后清点你的优点。所有被教成要和骄傲自豪这些东西保持距离的人，请不要担心。这套做法并没有叫你要得意扬扬，重点在于要平衡遭到扭曲的认知。了解自己的优势，有助于你去寻求能让自己顺利成功的情境，并在艰难时刻能备妥你的最佳资源，随时可供取用。

编制及拓展优势词语：跳脱“聪明与成功”的老套观点

传说，因纽特人有一百个不同的词语来描述雪，在实用英语中，比较切实的数字大概是七个。说到要去找寻自身的优势时，我们很可能也会受限于几个提供狭义定义的词语。比方说，在孩子身上，优势的狭义定义通常是聪明或有运动细胞。至于大人，聪明仍是惯用词，另一个狭义的优势类别说法则换成了成功，而通常成功的定义又进一步缩小成单一的点：收入有多少。我们着眼于薪水，就像学生看重考试成绩一样，但统计数字不断地告诉我们，超过某种程度以上的收入（有些研究说是年薪七万五千美元）、高尔夫俱乐部的会员资格、超炫跑车以及华美耀眼的珠宝，都不能保证幸福。甚至是中了彩票的人，在最初的意外之喜后，他们也会回到之前的幸福基准。因此，说穿了，金钱买不到爱或幸福。

我们可以为了聪明且有运动细胞的孩子欢呼，也可以赞赏聪明且有前途的成人，但之后，让我们一起去搜寻超越这些有限类别的价值。唯有人们能找到自己创造人生意义与目的的独特方法，文化与文明才能持续成长、创新。事实是，拓展欣赏范围、认同更宽阔的观点、感性以及天赋，才能让每一个人获益。我们都要为自己、为彼此这样做。

协助你编制自身优势清单的策略

根据事实来做这项演练（并准备纸笔），之后你会变得好奇且兴致勃勃，不会陷入你自己的批评、怀疑与判断陷阱里。你将会越来越能掌握你得到的，并善用这些优势以造福自己和他人。

你是哪一种关键人物

如果你想要了解棒球赛里游击手扮演什么角色，你可以把这个位置拿掉，看看一切如何随之改变。想象一下，有一天大家都找不到你。你的家人、朋友和同事的人生有何不同？你可能会接到紧急电话，对方劈头就问："白煮蛋怎么煮？"或是"要怎样结清收款机关账？"但除了这些之外，少了你，办公室、健身房或咖啡店里的对话将有何不同？想一想通过电子邮件、电话或对方亲自向你提出的要求是哪些，以及人们会和你分享哪些信息。你提供了哪些观点和想法，而这些内容又透露了哪些和你有关的信息？你是一直能在工作上维持高昂士气的人吗？你富有同理心，是唯一会问问别人今天过得好不好的人吗？你是善于安排的奇才，是对信息能保密的人吗？你是可以解决、调停问题，可以从多方观点看事情的人吗？虽然你一开始可能会觉得这些是每一个人都做得到的事，但请再多想想。没有人能像你做得这么好。

你沉浸在哪一方面

你是不是周末也不得闲的人，总是以有成效、敢创新甚至冒险进取的态度去从事新的居家生活项目？你是不是乐于与人对话、聚精会神且带着情感地聆听他人，并清楚表达你的想法？当人们完全沉浸在某项活动中时，必须专注在其中将会让人无暇顾及自我意识的声音。你就是去做，而不是想着你在做。你无法沉浸在每一种活动里，因此你要仔细观察，看看当你感觉到血脉偾张、兴致高昂时你在做什么。这种经验提供了哪些和你这个人有关的信息？写下一些形容词，描述究竟是哪些理由让你去从事这些活动，或者当你处在那种状态时发生了什么事。

试试这个

拓展你的优点词库

当你恭维或羡慕他人时，你会着重哪些方面？美貌？财富？不要让你自己落入老套的优点项目。分散你的焦点，自然而然地注意其他人付出的努力。赞赏帮助年长邻居整理花园的朋友，称赞孩子有双锐利的眼睛可以看到蜥蜴、青蛙以及其他爬虫类，表扬同事有能力让每一个人都觉得自己参与了讨论。你会让他们感到喜悦，而在此同时，也请注意一下，看看他们有多快回敬你。

做这件事的目标，是要拓展优点词库的范围，超越只有一般的“成功”和“聪明”。不管是参加晚宴或开会时，都可以编写优点清单。桌上的每一个人可以写下十个正面特质，比方说心胸开阔、有使命感、有创意、坚持不懈、注重细节、注重大格局、悲天悯人或是体贴，把这些写在纸上，以便随身携带，随时参考。当有人又脱口而出老掉牙的聪明或成功时，请拿出这份清单，拓展赞美内容。

征询第二意见

当你受困，无法靠自己解决问题时，你会怎么做？去找人咨询。请好友、配偶或值得信赖的同事和你一起做做“优点交流”的练习，每一个人轮流谈一谈最崇拜、欣赏与喜欢对方身上哪些特质。你也可以在自己的想象中做演练。如果你的知交密友、配偶、雇主或同事会写下五个和你有关的词，那会是什么？想一想有哪些事会使人们称赞你或感谢你。当你要和别人相处时，什么时候觉得最自在？可以用哪些词语描述这样的经验？

做父母的可以想一想子女会怎么说他们。如果孩子要写一张专门给你的父亲节或母亲节卡片，他们会谈到哪些回忆，而这些记忆又反映了你是一个怎样的父亲或母亲？

幕后花絮：你怎么做那些由你去做的事

“你说我拍的那段五分钟推广短片？喔，谢谢，那没什么。”

“要我办二十五人的晚宴派对？放心交给我吧。”

“你说我利用周末时间增建的起居室？很简单啦。”

是，没错，这些事很简单，因为你是你，这些事不见得对每一个人来说都这么简单。你身上哪些特质让事情得以顺利完成？想一想某一个你认为可以代表你这个人的自豪时刻或重大成就。有可能是重大且具体的成果，如上述这些范例，或者也有可能是一封你写给好友的电子邮件、你和同事之间的一场美好对话、你去探望患病亲戚的旅程，或者甚至是你和家中小狗共度的美好散步时光。把这些写在纸张的最下方。现在，把方向转过来。从头开始，往下逐一列出你能够达到最终目的必须具备的特质：是镇定、大胆勇敢、愿意请求帮助、慈爱热心、心灵手巧、幽默，还是慷慨？多针对几件事重做几遍演练，编写清单列出你永远都可仰赖的个人特质。你不需要任何额外的支持，就可以取用这些你早就拥有的资源。

哪一部分的你没有检视到

对许多人来说，工作只是生活的一部分，虽然我们努力让工作变得充实有意义，但工作无法完全反映我们这个人。认真努力，好让我们把全部的天分发挥在职务或每天的工作上，这是好事，但当我们工作时，个人特质中其他重要的方面可能就被忽略，没有获得善用。你可以说一说，每天除了工作之外，还有什么东西对你而言也是非常重要的。

在苦苦挣扎局面中出现的优势

有时候，在苦苦挣扎的同时（我们可能发现自己陷入情绪或真实情境的困境），我们可以从制高点检视，当处在这种情境时，我们要求自己做了什么。我们是否勇敢、有耐心、全心投入、慷慨、慈悲、高尚且可依靠？

任何人若曾经在个人生活中经历挑战，比方说照顾患病的至爱、从病魔手上活了下来或是丢掉饭碗，都会知道这些都只是十字路口而已。当我们被人生弄到一无所有，我们会发现，自己身上永远有一些之前没有善加利用的资源和信念。我们奋起、坚定，探索重要的发现并做出重要决策，设法把人生过得更美好、更有意义。

如果你经历过这类改变一生的事件，请明白，你就是那个掌握机会、做出改变的人。如果你现在正处在这样的境遇当中，请想一想你展现了哪些特质以管理、因应现在这个情况。不要说每一个人都会这么做，这样会贬低你自身的努力。事实是，是你选择这么做的。我们的任何投资，通常你在当下无法预见报酬，但最终都会有所回报。

克服障碍，以便能准确看见自己

旧录音带：“一手”的负面思考与悲观主义

“你凭什么以为你办得到？你以为你是谁？”有时候，这些话并不只是自身直觉反应的指控而已，更是回放我们从父母、配偶、兄弟姐妹甚至老师口中听到的话。尤其是我们小的时候，很可能还没有做好准备，不明白这样的批评所最直接反映的是说话者的情况，而非听话者。说这些话的人可能也是从他们人生中不快乐的人口中听到这些信息，这样的模式不断延续下去。我们可能连想都没想就把这些负面预测加到我们自己的负面思考大合唱里。旁人要我们别做梦，不要自吹自擂。请把这些声音还给它们的主人，这些东西不属于你。为了你好，也为了下一代，请开始改用新的态度，想想别人曾经对你说过的“二手”应许与认同，以此来评估你自己与其他人，并准确地说出事实，甚至，你可以沉浸在这种新的想法当中。

你还在等什么

其中一个妨碍你找出自身优势的障碍的，可能是你在等着某件事或某个人替你找出这些优点。这就是心理学家说的“外在控制观”。我们会去看看存折或自己拥有的财物，把这些当作自身价值的证明，或者期待获得权威人士、朋友甚至是录像带出租店员工的赞扬，由他们来告诉我们，我们到底好不好。你已经控制不了这些散漫评审有什么奇怪的想法（他们可能自己今天不太好过），因此如果没什么事能肯定你、让你觉得好过，你必然会觉得很糟。如果你的自我价值都由主管、岳母或婆婆多变的心情决定，想象一下，你会觉得多不安？能成为掌管自己的自我价值的人，将会好得多。你的优点不再取决于情境，不是只能在一国国境内使用的货币，你的价值是恒在的，而且只会随着时间而增加，不会减少。

面对弱点无须羞愧：发挥你所拥有的

有些人在读这两章时可能会屏气凝神，光是听到“优势”一词，马上就觉得不快或不安，因为你觉得自己没有优势。现在我们要谈谈弱点，你可以呼吸了。带着爱、同情或只是冷静的态度去了解并接纳自己的盲点或弱点，是很重要的事，而且这也是一项优点。这不只是好事，更是每一个人都想做到的事。如果你拥有的是良好、健全的人际关系，你就了解这些人不会把你当成方程式里的一个数字，不会让你变成《小杜丽》里的主角（如果你没有这样的人际关系，这是另一个值得你努力去寻找的理由）。你的弱点不会抵消也不会减损你的绝对价值，这是一种全包式的套装交易。

实际上，是你设定基调，决定他人看待你的观点。如果你对于目前的人生处境感觉很糟，而且诸多抱怨，其他人就会认为你处于不利的情境。反之，你可以重贴标签，并降低这些自我怀疑的重要性，或者你甚至可以接受这些想法，把它们当成整个过程中的一部分，而其他人也会跟上你的脚步。比如，当你面临人生艰难时刻时，你可能会说："我现在正在过渡期，我现在正在积累品格而不是资本，我希望这只是其中的一个阶段而已。"你不一定能幽默以对，但幽默可以帮上忙。

运气扮演什么角色

在民营企业担任平面设计师十余年之后，雀儿想要有所改变，她开始申请大学教师。她一直都想教书，在人生这个当口，当她一边还得育儿的同时，这个选择在时间安排上似乎最有弹性。凭借着出色的才华与丰富的经验，雀儿得到一份累积一定时间后会转成终身职业的工作。部门里一位新同事一直对她说："你知不知道能得到这份工作有多幸运？"这让雀儿有点不安，因为这好像她是凭运气或侥幸才溜进来的。在这位同事说了第四次之后，雀儿直接挑明了说："你知道吗？这不是运气，这份工作是我挣来的。"

比尔·盖茨幸运吗？让披头士变成闪亮四人组的，就只是运气吗？在《异类：不一样的成功启示录》一书中，马尔科姆·格拉德威尔同时用"是"与"否"回答了这个问题。比尔·盖茨成年的时机正好，正是计算机产业起飞的时候，而且他能够投入无数的时间，探索这个发展中电子世界的可能性。他花了多少时间？根据格拉德威尔描述的一套理论计算，要达到大师级的水平，必须要集结一万个小时的辛勤工作。因此，不管你是在看自己的成就，或是看着他人的成功，请记住，除了运气或巧合，成功还需要不屈不挠这项长处，让你超越你的天赋，替你赚大把钞票。

了解正确的自我价值永不嫌迟

就像“害羞”或“文静”这一类的标签一样，“自尊不足”的标签也会让人觉得受困。对于提升自尊希望已经渺茫的人来说，是很难接受的消息。但如果你回过头去看看第五章里提到的“要具体”策略，你就可以了解，“自尊不足”一词反映的是一种错误归因模式，把特定的限制当成永久且全面性的问题。当一件事出了错，比方说，你没有办法和某个人建立关系，预设的结论就会跳出来，指称整体而言，你就是不好。这真是错得离谱。如果你曾认为自己自尊不足，请再想一想。你要准确地归因，而且不要让标签把你困住了，要看到自己拥有无限的可能性，然后把你的具体问题或挑战放进最小的箱子里。

试试这个

做一个“优势”记忆箱

如果你和一群人在工作或参加派对时，突然有一个精于计算的家伙来找你，或者你和大家族团聚时，听到某个人的成就被一一点名，让你自觉相形见绌，此时，请准确地描述你身边的几个人，包括你自己在内。除非你也愿意让镁光灯打在自己的身上，否则不要溢美。

当你因为自信心忽然大跌而苦苦挣扎时，不要越陷越深，请环顾四周，寻找你的人生有价值的证据。无论你的主管用任何方式批评你，请不为所动。孩子需要了解，当他们犯了错，就算父母暂时会因此感到难过痛心，但还是会爱着他们，同样地，我们也要记住，在我们这个人的完整大格局当中，糟糕的时刻不会留下任何深刻的印记。

利用文件夹、箱子或计算机档案，记录让你觉得美好的经验。我有一个朋友把这个档案称为“棒女孩”档案，另一个则说这叫“紧急时可破窗而出”档案。这里面的内容可能是其他人给你的赞美，别人发送的致谢或表扬电子邮件，记录你帮忙创造出的美妙时刻的照片，或是你在表亲婚礼上致辞的内容，每一个人都说你巧妙地把他们关系中的每一个主题紧紧串联起来。现在花十分钟开始编制这份档案。把你之前在本章中编好的优点形容词列表拿出来，放进档案里。随时随地都要记得你的“优势”记忆箱。

当你再一次正确地检视自己，你会了解，不管这些“批评”有没有建设性，你还是可以从“继续在人生路上迈进”的立场上来看待这些资源，而不会落入“裹足向前不敢动”的状态当中。

你可以把美好的时刻定名，比方说“查尔斯的婚礼”，练习处在当时的心理状态。经常在你心里重游旧地，你的心将会记得那是什么滋味，也会涌出适宜、有益的感觉来奖励这段旅程。

不要仅把焦点放在未来的人生上面，清点一下你已经完成的成就，并好好品尝回味。你的好坏不只是以接下来的成就评定，也是过去一切的累积。看看你的成就，想一想你的成功并非意外。一切都来自你。

包起来

焦虑会高估情境中的风险，并低估你的因应能力。不要被焦虑压下去或因此吓坏了，你可以主导一切。握有你的情绪履历

（上面记载的是你的优势、过去的成就与经历），你已做好准备，足以着手应付焦虑的挑战，你完全知道你有什么筹码。当你辨识出自己的优势时，你就能找到方法随时取用这些信息，就像你知道自己穿几号鞋这么清楚。

现在的目标是要把你的资源和优势结合起来，包括那些不符合他人心中所想的项目。当你详细读完本章，你或许已经了解你的优势是如何一天天成就你的人生，或者，你会发现某些优势还找不到路进入你的生活当中。这或许会鼓励你去从事可以更加善用这些优势的活动，或者去建立其他的人际关系。

如果你无法找到自己的优势，这些优势就像行李输送带循环上的行李一样，是一个没人拿的行李，一圈又一圈地转。你可能忘了它，因此你从没把它拿起来。嘿！拿起来！这个箱子正等着你收回呢！

戒除焦虑实例

凯雅是一位快三十岁的研究生，在情感上永远长不大，总是等着男友、教授、家人或朋友替她背书。对她来说，除非有人认可，否则她的优势根本不算数。完美主义和焦虑让凯雅无法信任自己，她觉得不要冒险去提出自己的判断和想法，会比较安全。虽然她的能力以及美丽都是让人羡慕的特质，但凯雅越来越沮丧也越来越孤僻，几乎没有什么社交。她相当仰赖他人的接纳，因此她总是在为最难堪的拒绝做准备。

要踏出小步，表示她要找到自己的优势，看到这些长期的特质不会受到暂时性变动的影响，比如考试成绩，或是她在派对上有没有表现得风情万种。请想到树的比喻（我们在第五章中提过），她开始训练自己把错误或比较不完美的时刻当成树叶，不再乱砍树干或树根了。虽然她的初念仍然很严厉，常会想着我完全无用，但她会重新再说一遍，变成“现在，我有一个想法，觉得自己完全无用”。她明白，这些心情的高低起伏，都是因为她和别人之间的互动。有时候很顺利，有时候不怎么顺利。但互动“成功”与否，不是她要担负的责任。她也明白，这些不好的感受不代表她的内心更深处怎么了，只是会对她造成深刻的影响而已。借由想着“我有这种感觉，此时此刻就是这样，但这可以改变”，凯雅可以更全心全意和别人相处，更自在地面对自己，同时也不那么看重和他人之间的互动，因为她自己的贡献已经开始驻足在她心里了。也因此，她觉得没那么焦虑了，在课堂上的发言多了，在派对上也如此。她不用费尽心思，就得到许多正面回馈。她仍必须要求自己不要让内在的怀疑者毁了当下的时光，但是她可以创造出更多的平衡，这是好的开始。

你自己以及其他人

露出伤痕

我们之所以爱听名人、英雄甚至邻居不为人知的故事，在于我们可以因此揭去神秘面纱，看到他们有所成就的过程并不如我们想的那样不费吹灰之力，或者一窥他们在后院围墙另一头看似光鲜的人生是怎么一回事。当你看着这些人把人生的戏法变得这么好，一切都那么顺利，像是杂耍里每一个盘子都不费吹灰之力转了起来，但突然你会听到“我的偏头痛很严重”或发现她说“我曾经被开除”或“在我还没有成功之前，有好几年时间晚餐只能吃泡面”。这些话有三大重要功能。第一，分享自身的软弱或错误打开了一扇窗，让窗外的人能看清楚你，这是一种人性的连接，也是信任的开始。第二，这样做也除去了成功过程的神秘，让别人了解，在不知道未来将如何发展之前就去做尝试是很安全的事，因为有冒险才有成长。最后，我们越乐于展现伤痕，就越不需要浪费宝贵的精力去假装我们人生中的一切都完美无瑕。因此，为了你好，也为了别人，偶尔展现伤痕，感受一下实时的连接，而且谁知道呢，也许你会因此鼓励他人在自己的人生中冒险，让每一个人都获益。

11.预防失望最有效的方法就是许下更好的期望

无须期待，随缘且喜。

——艾丽斯·沃克（Alice Walker）

问题本质：是你要求太多，还是你的焦点太狭隘

我们都听过一个手臂断了的家伙的笑话。他去看医生，并问道：“医生，我恢复以后可以像网球名将约翰·麦肯罗（John McEnroe）一样，打出漂亮的反手拍吗？”医生回答：“呃，你受伤之前可以像约翰·麦肯罗打得一样好吗？”

有时候，期望的重点在于我们想要什么，而不是实际上会怎么样。接下来会发生什么事，才是关键所在。我们都是因为有渴望而创造需求。我们坚持要实现心中坚持的理想（即便这和我们实际上需要的或真正可得的没什么关系），我们的希望也因此变成需求，甚至变成古怪、不理性的要求或最后通牒。“我今天一定要听到和这份工作有关的回复，为何不应该这么要求，我好几个星期前就已经送出申请表了！”我们要求人生返还些什么，仿佛人生一直拒绝给我们本来就是我们应得的东西。因为电话的另一头没有人有兴趣接我们的来电，我们就只能卡在这里，一直和自己过不去。

欢迎各位一探期望的世界。人的天性本来就会想要去控制，想要预测接下来会发生什么事，这并没有什么问题。但事情的发展往往不如计划。我们在竞标房子的时候输给别人，我们在找工

作时被人忽略，我们在爱情里遭拒，当我们另有重要计划时却要和重病搏斗。虽然梦想未来没有错，但我们也必须仔细观察，以防渴望和梦想变形成期望和要求。一旦发生这种事，你的快乐和幸福就变成有条件的了。“如果……那么……”式的说法就开始了。你开始想，如果事情不如你想象中那样顺利，那么你就惨了。不要这么快下结论，人生并不是这样运作的。

找到能动的那个部分：你自己

为避免不经意地让自己因为预期不符现实而陷入严重的失望，你必须学着去找出能动的部分：你自己。与其和现实争辩，不如有点弹性，改变你的期望。有个朋友曾对我说过，她从不和不穿好鞋的男人约会。不论对方人有多好、多帅、多聪明或多慷慨，如果他穿的鞋子不好，就一切免谈。我们可能会大笑或摇摇头，但仔细检视一下，其实每个人都有自己的好鞋检验法，不是这种，就是那种。因此，我们也都错失很多好机会，只因为这些机会未完成我们内心的想象。你的期望中要允许一些让步。谁知道呢？你可能没注意到那个穿着开口笑球鞋一路走过来、正要去鞋店买鞋的男士，但他停了下来，为你着迷，明白地表示要和你聊聊。

比较安全的预期，比较聪明的预期

你在人生中能不能事前主动采取比较安全的方法，不要让自己陷入强烈的失望，也不要错失可能很棒但未完全符合你心中所想的机会？期望需要回旋空间，当事情的发展不如规划时，你才可以用更有弹性的方式去管理。你的期望必须是简单、实际而且有弹性的。从日常生活（你一定要得到新开意大利餐厅里最好的用餐位置，或者你只是想要和朋友共度美好时光？）到大格局（你真的需要在二十五岁前结婚、三十岁前拥有自己的事业，然后三十五岁之前公开上市吗？或者，比较合理的预期是你能拥有充实的人生，兼顾家庭与事业，并让你的辛勤工作成果随着时间发展下去？）都适用这些原则。

另一项可以保护你免于失望的要件，是当事情结果不如你预期时去看真正的原因何在，在本书中，我们要把这些理由称之为好的“解释”。你可能会想：我生了宝宝，这本该是我人生中最幸福的一刻，但我觉得忧郁又可悲，我一定是一个坏母亲。嗯，事实是，你三个星期没有好好睡，这可能导致你无法对喜获麟儿一事倍感幸福。或者，你可能会想，我认为我非常适合这份工作，但是我完全无法胜任，这表示我一定不太聪明。嗯，但或许你的主管没有给你训练或指导就把你丢上线，要你一天工作十五小时，而且在你上任之后基本上他就不见人影了，这一点可能是主因。或者你的情况可能是：我上了那么好的大学，我应该随便都能找到一份工作，但我毕业之后已经失业六个月了，我一定是一个没用的人。但你进入就业市场的时机刚好碰上严重的经济衰退，这项事实是整件事的关键因素。请利用好的解释替你自己挪出一些缓冲空间。

当别人让你失望，你可能也会误解他们的行动。你或许会想：她原本一小时之前就该打电话给我的，她没打一定是在气我们约会时我的举动。结果后来才发现她被困在一场视频会议当中，无法脱身，或者，她不是那种爱讲电话的人，她不打电话，但是她发电子邮件给你，只是你没去收信。一般人通常不会故意让我们失望或轻视我们，他们只是用不同的原则行事，不在我们预期当中。因此，当我们继续搜捕，去归罪自己或他人时，重要的是要把话说清楚。我们要先看看如何微调期望，之后则要检视当事情不如规划时应该如何做出最佳解释。

许下安全、有弹性的期望

要可变动。

要真实且合理实际。

要属于你（确定这些是你的期望，而非别人对你的期望）。

有弹性的心态，是让你保有清晰的目标，去达成你能控制的，而对于你无法控制的，则要保有弹性。

三十五岁时，史文定下一个目标，他希望自家公司能在他四十岁之前突破营收百万美元的门槛。他从小就是一个发明家，因此当他终于找到一个热门产品时，当然急着看到它（还有他自己）能一飞冲天。他每天都看着获利数字但不太关心预算，他开始觉得自己绝对无法达到这个目标。他并未重贴标签，认定成长迟缓是正常的企业成长初步阶段，反而觉得未来会变成一场灾难，并责备自己无能。之后，这样的行为启动了因循拖延的轮回，他好几个星期都没有完成任何实质性工作。

能动的部分是什么？哪些部分是史文可以控制的？他无法强迫人们购买他的产品，但是他可以改变他现在做的事，想办法增加业务。我请史文不要着重在如果没有达成营收目标会怎么样，而要去看看他要如何提高营收成长的机会。他需要改变他对成功应该是怎么样的期望，不要去影响他的成功机会。

他一开始相当愤怒，断定我这个非商界人士根本不了解营收是怎么一回事。但当我们讨论何谓企业的弹性，并得出结论认为这表示一定要可变动时，他就决定要改变他的目标，把重点放在他联络的公司数目以及他每月做的演讲场次。史文不再每个月都因为没有办法做到他定下的目标而丧气，现在他觉得很棒，因为他正竭尽所能，以达成最终目标。其他的部分也就自然而然跟着来了。

策略一：针对你可以控制的事物许下期望

当我把这个概念传授给来自商业界的患者时，通常他们会对居然有事情不受他们控制这个想法感到生气。但若能去注意有事不受控制，可以免掉很多痛苦。我举的第一个例子是来自于我的职业生涯，范例的背景和他们的人生已经相距甚远，比较有客观性。我对他们说学生和成绩之间的故事。当我对那些紧张兮兮的学生以及他们紧张兮兮的父母说“我一定要拿到全优等（或其他）”是没有用的，光是听到这些，他们就准备打包走人，去找另一位治疗师。难道我希望他们的孩子变成无用的人、失败的人？我这么说并不是要你降低标准，然后害你在出校门之后一败涂地（但我一开口说出这些话时，他们的焦虑已经决堤泛滥），而是要你根据你能控制的部分立下目标。你可以控制的是努力（你花多少时间读书，以及你是否设法寻求老师的协助），但无法控制结果（在这个案例中，结果指的是分数）。为什么？因为你不会知道考试中藏有哪些陷阱。有些老师甚至会大肆宣传，说他们不给满分，因为他们希望孩子一直有努力的空间。而你不能控制分数，并不表示你不应该去尝试。

请把这个原则应用到你生活的事物中。你心里可能有一个本月销售目标的数字，但如果你把自己的期望放在你要打多少个销售电话、联系现有客户多少次，以及你要如何改写某些文案，这样对你最好。这些是你手上握有的牌。

对我们无法控制的事物许下期待，会产生扭曲的解释。“如果这次试镜我得不到回复，代表我没有才华；如果我没办法进入研究所，代表我不够聪明；如果他在第一次约会之后没有打电话给我，代表我不可爱。”请按下暂停键，重新想一想你的结论。利用具体行事的步骤缩小问题，缩到最小的箱子里：如果没有得到这个角色，或许是因为你不适合，或是你本来应该更完整地演练；这个研究所可能仅收排名前百分之二十的申请者，竞争相当激烈；如果他在约会后没有打电话给你，你认为你们两人之间还有任何火花吗？当不幸击倒你时，你要鼓励自己，继续奋战第二回合与第三回合，或者，你也可以稍稍偏离计划。这就是弹性。有空间去吸收某些让人失望的消息并准确地加以评估，是让你站稳脚跟的关键，尤其是我们无法掌握全部的因素。

有时候，我们对自己的期望完全不切实际，因此引发失落感，而这一切都是因为我们一开始要求自己要做到的，根本就是不可能的任务。

玛拉自觉是个失败者，因为她不能让年迈的双亲好过一点。因为身体状况不佳让二老很辛苦，他们的生活质量也受到影响。玛拉在探视父母之后会垂头丧气地离去，因为他们和她相处的时候都没有笑过。他们正因自身的疾病所苦，他们无法专心在别的事上面。玛拉是一个全心奉献的女儿，她爱她的父母，希望他们好过一点。但期待自己能妙手回春扭转老化过程，让他们恢复健康并减轻他们的负担，当然是完全不可能的。当她努力演练找到最佳做法的步骤时，她想到朋友甚至是双亲如果心情轻松愉快时会怎么对她说，她终于找到一件她能做而且没有人能像她做得这么好的事，那就是仔细聆听父母说的话。

策略二：把期望细分成合理的小部分

耐心也是一项优势，这我们知道，让我们诚实一点，你难道不希望自己现在已经把本章读完了吗？难道我开始写作时我不希望早点写完吗？我们可能认为学习等待是小孩才要做的事，但在可以通过搜索引擎提供实时答案的科技推波助澜之下，马上就要获得喜悦满足已经变成惯例。研究人员发现，当我们觉得满足时，我们的大脑就会进入一种“多巴胺喷发”的化学反应。多巴胺是一种神经传导物质，这是一种我们渴望的物质，没有它，人们会很容易生气。追求即时满足对大脑来说不是一个好习惯，因为人生有很多事物并不会因为你要追求即时满足而妥协，比方说别人的动机、母性以及时空法则。

学习等待和焦虑有什么关系？本质上，等待是要容忍不知道未来将如何这种不确定性中的不适。就像我们之前看过的，等待的重点也在于要自制，不要用焦虑或悲观的结局来填补空白与不确定之处。如果你许下不切实际的期望，你就是在一边打造出一部忧虑压力机（如果我做不到怎么办？我要怎么样才能办到？），另一边则是失望丧气（我做不到，我是失败者）。失败的不是人，只是目标定错了。

定下我们可以快速达成的小型目标，是创造动能的好方法，因此虽然我们没有耐心，而且宁愿放眼重大目标，但事实上，如果我们可以把这个大目标细分成几个小的可行步骤，我们可以更常得到满足感。当你看到自己步步为营，你就能朝向更大的目标前进。

如果小目标的概念让你迟疑，因为你对自己有很深的期许，请想想你在上一章学到的，回忆一下成功的人如何投资时间。他们是吃苦耐劳的人，相信自己，但也相信自己具有坚忍不拔的毅力。他们可能会去思考大格局，但他们的目标通常都是按部就班而且有系统的。合理的目标，是胜利者会定下的目标。

试试这个

思考一下你为自己、配偶、朋友或某一段关系许下的某个期望。写下来。仔细检查，看看以你能控制的因素来说这是不是可以实现的期望，若否，请重写一次，变成可能实现的期望。

比方说，若是和实际有关的事物：

原始期许：我希望我的家看起来窗明几净，不像一个有三个小孩的家。

改写后的期许：我们每个人（包括孩子在内）每天晚饭前都要花五分钟打扫整理。

和情绪有关的事物：

原始期许：我希望每个人都喜欢我做的每一件事。

改写后的期许：我不需要每个人都喜欢我做的事。我要努力把工作做好，有些人会喜欢，有些人则否。

策略三：把要求变成喜好或请求

你想要的东西有多快会变成你需要的东西？当小孩子看到新的计算机游戏时，他们不会只想要，他们需要，得不到的话他们就活不下去了。所谓的要求，是这样的：

我需要____，否则的话我会____。

我需要父母了解我们的生活有多辛苦，我需要主管赞赏我所做的事，我需要孩子停止互相争吵。其中隐藏的“否则的话我会”假设是，如果这件事无法实现，我的人生就忍无可忍，或者如果别人不会为了满足你的这份期望挺身而出，就代表他们不会为了你做任何事。你的杏仁核又在哔哔叫了。

拿支红色笔改一改上面这句话，有助于将这些最后通牒转换成偏好，减低因为一开始想要降低痛苦而许下太严格期待所造成的痛苦。

我想要___。我可以试着去实现，努力去___。

当你用偏好替换掉要求时，你不是呆呆坐着面对不太妙的情境，而是重新分类，把它看作不可容忍或不讨人喜欢的情境，然后以有建设性的态度采取必要步骤，改善你的处境。

你花越少时间去悲叹今天没有达到你的期望，你就越快能补救你拥有的这一天。这不是我规划中的一天，但今天会变成另外的一天，且让我们看看有哪些可能性。就像作家约瑟夫·坎贝尔（Joseph Campbell）说的：“我们必须愿意跳脱我们规划的人生，才能拥有在前方等待着我们的人生。”

策略四：公开明显地去寻找你的狡兔三窟

有时候，你甚至没发现自己在期待。一直要到你的期待落空而且你崩溃了后，你才明白自己的期待是什么。而当你对他人有所期待时，很重要的是要确认对方也加入了你的计划。放弃要求，改为提出友善或者果断的请求。因此，举例来说，你可能已经厌倦了打电话找保姆，也不想替夫妇俩安排晚餐计划，你希望能由先生来做这件事。你可以让他了解可以两人单独外出是一件多美好的事，甚至提一提上一次你们外出共度美好时光的经验，比方说一起看的电影或一起去的餐厅。然后说：“如果有时候由你来计划，我会很高兴，比方说每两个月一次。你可以吗？”你要抱持开放心态，预期你丈夫可能会说："没办法"或者说"没人提醒我的话我会忘记"，那时，你们就可以一起脑力激荡，想一想或许可以利用他手机里的行事历提醒他要计划约会。要小心谨慎，不要误读他的迟疑。迟疑可能不代表他不在乎，比较可能代表他不是一个善于计划的人。请愉快地下一个注解："我们之间的大人约会时间对我来说很重要。"或者，你很想请你姐姐帮忙照顾小孩，但她从来不提，而你判定她根本不关心你，这件事让你感到愤怒。与其仰赖读心术作为沟通的工具，你可以直接告诉她你想要什么，她很可能非常乐意帮你这个忙，也很可能直接说出一些事，显露她对你的预期是什么：你和孩子总是黏在一起，我不知道你需要我帮忙！

确定预期合乎现实

· 这份预期在你掌控之下吗？

· 会不会目标太大或太过限制性，因此不合实际？

· 这份期望能不能扩大，以便找出更大空间，或者让事情更有机会按照规划方向发展？

· 能否实现这项期望对你来说有多重要？

· 这真的是你的目标，还是别人替你定下的目标？

· 如果事情没有按照规划的方向发展，你是否已经做好准备，可以准确地评估到底发生了什么事？

· 有没有放手的空间，让某些事自行发展？

试试这个

把你的初念写出来，然后拿支红笔修改，并把两个版本拿来比较。

那么——

我丈夫应该知道他回家后我需要休息一下，不要再管小孩，如果他不知道，那代表他根本不尊重我身为母亲所做的工作。

变成——

如果我丈夫回家后应该知道我需要休息一下，不要再管小孩，这就太棒了。但我知道他不在乎，因此，我必须告诉他我需要什么。

另一个范例是：

我在星期五的演讲上一定要表现出色，不然的话，我就会丢掉我的工作。

变成——

如果我能在星期五的演讲上好好表现，那就太好了。而且，我很有可能办得到，因为我一直都在准备，但如果我做不到也不会完蛋，如果我的表现没这么出色，他们也不会开除我。工作上很少有演讲能达到我所谓的出色程度，可能根本没有。表现不好我会失望，但我可以应付。

当你仔细阅读两种不同版本时，请注意你的身体有哪些变化。你在读第一种版本时会紧绷，当你读第二种版本时就开始放松了。当你习惯改写之后，你不仅能更快速地想到这些词语，第一种版本也会失去可信度。请记得随身携带一支红笔。

新手犯的错：当你不习惯事情会不顺利时

在我的职业生涯中，我见过最脆弱的人，不是那些承担了太多问题的人（这种人早已学会如何生存）。因为各种不同的理由，这种最脆弱的人，往往都是拥有令人艳羡人生的人。他们在许多方面都一帆风顺，一直到他们忽然发现自己陷入一个无法成功的处境，他们踢到铁板，恐慌不已。他们把失败归咎于最近的目标：他们自己。如果有事出错了，那一定是他们。或许他们在这件事上花下的时间不够，或者他们需要寻求协助，但是过去他们从来不需要做，因此，这对他们来说是非常糟糕的信号。他们一直以来靠着自己的聪明才智成功，因此，他们假设，首先，这一切一定是因为他们的聪明才智让自己失望了。

来看看丹特的例子。四十岁时，他在事业上已经是成功的青年才俊，也快速地替自己累积起声誉，是善于找出艺术机构里未获得善用资源的天才。他极具魅力，对自己的信念怀抱热情，而且没有人抗拒得了他。一家岌岌可危的博物馆聘用了他，他觉得这份工作和之前的并无不同，他很快就能扭转乾坤。但几个月过去了，什么都没改变。丹特从来没有遇到过任何他无法改变的局面，而且他可以快速且巧妙地达成使命，但这次他陷入死胡同了。他开始不断想着：你可能高估自己的能力了，你可能根本不应该自认可以做到这么困难、这么了不起的事。

丹特预期另一次快速的成功，没办法看出来这一次是例外，是一次暂时性的失误，背后的原因可能是这类工作的学习曲线进入瓶颈阶段，或者是因为经济正在衰退。如果他能以更有弹性的时间来做这份工作，或者能抱持他终将成功的信念，或许能更轻松地应对挑战。而最重要的是，他本来可以明白，他的主管并未因此而感到失望。主管是因为赏识丹特的技能而聘用了他，不是因为他的速度，而且主管一直相信这个计划会成功。丹特需要把他的表现和成果分开来，这样他才可以看清楚哪里出了错，并准确地判定责任归属。

在你过去的目标中，有没有哪一个是合理但你还未做好准备因此无法完成的目标？你从中学到的或可以学到哪些教训，可以应用在你下一次的行动当中？

解释与直接明讲

就像我们得替剩下的一只鞋子配对一样，当你的预期无法实现时，你也必须找出一个正确的解释加以配对。否则的话，你就无法得出结论，这会让你迷失。我们越能将最初的自动反应式解释重新贴上标签，视为一般人对失望情境（我们失败了）的普遍反应，我们越能让自己免于绕远路去找寻不理性的解释，并能从中学到正确的事，了解实际上到底是哪里出了错（这是我们需要学的东西）。

长久以来，艾薇娃一直想拓展她的治疗领域，纳入支持团体。多年来她担任的都是一对一式的治疗师，她很紧张，不知道自己能不能应付治疗室里有很多人的互动发展。在她第一次开始做团体治疗那天，她惶惶不安地迎接这一刻的到来。今天的成败将决定她是否真的有能力去做团体治疗，或者她并不适合这类工作。她编制了一份时间表和议程，一开始很顺利，但之后团体里有一位成员不断地偏离主题，甚至打断议程，把自己当成团体的领导者。艾薇娃心力交瘁。她花了好几天休养，才能告诉别人发生了什么事。在描述时，她说："我真无能，这真是大错特错。我不适合做这种工作，我连试都不该试的，这些人不尊重我。"而她认为她设计的议程很棒，团体里其他人反应也很好。唯一的问题只有这位成员，而此人显然有自己的问题，和艾薇娃完全无关。

焦虑和负面思考的问题在于，它们会特别强调你的结论，让你变成一个失败者。但你应该做的是具体行事，从人生的尝试当中学习，这样一来，你才能看到你要如何面对人生。艾薇娃预期她知道如何以团体领导者的身份处理一切，当她做不到时，她就替自己贴上失败者的标签。但再进一步看，她其实明白自己针对许多事做了充分的准备。她需要学的一件事是，要如何应付扰乱分子。

策略一：去计算，而且慢慢地算

通常当事情不如我们的预期时，我们心里进行的快速计算都会搭配着旁白："这都是我的错"或者"这都是他的错"。但精准计算的意义，是你要确定你的解释是附加在事实之上的，而不是基于一时的情绪。你一开始可能会很难过，但不管你的感觉有多强烈，感觉并不会成为事实。一旦情绪的波涛汹涌过去，你就需要回过头来，重新建构实际上发生的情况。这可能很痛苦，但却可以让你学习，有助于预防未来再出现同样的情况。

策略二：了解他人的行为

当和他人的互动让我们感到失望时，我们最初的反应通常会是强烈的、精心创作的且只针对个人的解释。他在晚宴上表现得很粗鲁，他一定是不尊重我。他根本不了解我的人生，而且他也根本不在乎我。然后，隔天早上，在你大肆抱怨一番之后，你又得到上一次的结论，认定他在晚宴上表现得很粗鲁，你的跑马灯不停地跑：他很粗鲁。但他的粗鲁和你无关。如果你把"他的粗鲁与我无关"这项重要信息储存在脑子的芯片里，上面贴上他的姓名，下一次你们再度一同赴宴而他表现得很粗鲁时，你不仅不会把这件事归因于他个人，你还可能很好奇，想进一步探究。他为什么这么粗鲁？他的人生里到底有什么经验让他要这样处事？到了这个境界，你甚至会对他涌起怜悯之心：他的人生必定很难过，他只知道用这种态度和别人交往，但他又是如此渴望与他人交往。他一定很痛苦，要不然，就是痛苦导致他有这样的行为举止。我一定会向他保证，我会在乎他。也许他可以放轻松，不要这么粗鲁。

基本原则是：有时候你需要寻求解释，去看看他们怎么了。他们不是故意要把你搞疯掉，他们就是这样的人。

你可以做的第二件事，是为了下一次又会见到对方而预做准备。不要预期会发生最糟糕的情况，这样对每一个人都不好。再见时你很可能还是无法享受一段温馨闲适的夜晚时光，如果他真的让你不堪其扰，你可能会坐到别处去，或者在心里想着：他对我来说并不是天上掉下来的礼物，这也没什么不对。我还可以去其他能满足需求的地方，我不用每一次都要满足所有需求……我不需要在这里满足我的需求。

戒除焦虑实例

卡西是一位畅销作家，她要在一场年度书展上举办签书会。预期这场活动将会一如往常引来满座嘉宾，所以她没有作任何公关活动大肆宣传。当那一天到来，会场只有零零星星两三人时，卡西的初念是，再也没有人对我的书感兴趣了，我完了。接下来，在寻找正确的解释时，她自问“这次有何不同”，并领悟到她并没有实行任何把消息放出去的行动。她从中获得一个非常有利的结论，那就是公关宣传确实有用，而且她很擅长公关，因此她要继续做这些事。如果这次的事件变成少了适当解释的悬宕期望，对于卡西来说，一切都将大不同。她可能会困在自己的初念当中，然后完全放弃。那将会是多大的错误。请注意看，当我们不在乎解释事实，将会多么背离事实。

萝贝塔对人不断感到失望，这让她觉得很有压力而且相当愤怒，她并不想这样。她要花很长时间才能从每一次的失望当中恢复过来，而且事情经常一波未平，一波又起。每一个人都让我失望。他们永远不会去做我希望他们做的事，也不会去做我想做的事。这真是让人沮丧。她虽然利用红笔改写法删掉句子中的绝对用词，但萝贝塔的人生仍像是云霄飞车一样，因为有太多时候她的生活都必须仰赖他人以特定的方式行事，但通常他们不会这么做。她没有看到可活动的部分，没有修正她的期望，反而更坚持别人要改变：她的同事当天就应该回复她，她的丈夫应该不需要提醒就会自动去接小孩，朋友应该事先拟定周末计划，而不是等到最后一分钟。

我问萝贝塔，有没有其他选择。如果在期望和结果之间多插入一步，姑且称作“可行性检核”吧，这对她来说会是怎样一回事？想得到你想要的东西没有错，但如果那是不太可能发生的事，这样的期待没有办法帮你，也帮不上其他人。她一开始迟疑了一下，但仍觉得她有权得到她想要的，然而停顿几周，并根据可能的现实重新调整请求之后，有趣的事发生了：她注意到自己不生气了。过去她从来没有想过，改变预期不仅让其他人松了一口气，更让她自己不用每天七上八下。

试试这个

预期这个，不要期待那个

如果你注意到一直有人让你失望，有问题的可能不是那些人。请问问自己，你对这些人有何期待。很可能的情况是，你期望这些人去做的事，实际上并非他们有能力去做的事（至少现在办不到）。而一再失望会把每一个人磨得都很疲惫。你可能会因为对方让你失望的态度而悲伤或愤怒，而且你也有权如此，但请想一想：坚持你的期望对你有任何好处吗？试着改变你心中的想象，看看能否让你去欣赏对方可以做的事，而不仅是怨叹他做不到的事？毕竟，对方并不会因为自己本来的样子而受苦，受苦的人是你！请谨记以下这些指引：想要更快速从让你失望、让你觉得悲惨的情境中恢复，请不要坚持情境必须改变，你自己要成为活动的部分。放开非现实的部分，以交换事实。你的弹性可能很快就会为你带来报酬。

当其他人对我们怀有做不到的期待时：把信息送回给发送者

我很喜欢一个犹太笑话，这个笑话中说到一位母亲送儿子两条领带当作生日礼物。隔天，儿子下楼时戴上其中一条，母亲说："什么！你居然不喜欢另一条。"如果你注意到，不管你如何努力，事情总是出乎你的意料之外，你持续地让生命中某个人失望，需要改变的可能不是你，而是对方。我们知道自己无法实现对方的期待，因此我们需要缓冲，不要随便挑起责任去做不该我们要做的事。我们不用采取防御姿态，可以试着把这样的两难交回给对方，对他说："我不确定你希望我做什么，我觉得我做什么事情都不对。我们能不能想办法让两个人都满意？"很少有人会刻意替彼此营造初步可能解决的处境，至少大部分时候如此，因此，如果你可以用简单且不带防御的姿态"把信息送回给发送者"，发送者或许可以看清楚他自己创造出来的不可能局面，乐于修正自己的请求。

你自己以及其他人

错误的干酪带来的礼物

你丈夫回到家，他买错了干酪。家里排行中间那个不显眼的小孩不吃其他干酪，只吃包装纸上面有火车的那一种。想象一下这个小孩的崩溃，你已经准备好要责备你先生了，但……你停了一下。干酪买错了，对，但他是故意在家里引发一连串的灾难，或者，这就只是一个错误而已？停下来，想一想种种可能性。你感谢先生努力去做，记得要买干酪这件事，之后，对这个孩子来说，可能是一个由危机化成转机的时刻，让他去尝试新东西。

有时候，创新和成长就是由发生错误造就的。因此，就像你必须考虑人生中要有“误差许可范围”一样，你可能也必须重新替这些误差贴上标签，变成改变的契机。当有些事并未完全按照你的预期发展时，不要马上抗议。退一步，想一想这看来是错的东西如何能产生作用，虽然它的用处可能和原来想的不同。它有可能没用，但当事情不如计划时，很可能会发生有趣的事。想一想，每年可有千百万的观光客专程去看比萨斜塔呢。

12．带着同理心、慈悲心以及感恩心去思考

幸福是灵魂的一种香味，是一颗歌唱的心的和声。而灵魂的最美的音乐是慈悲。

——罗曼·罗兰

班恩在人生中经历了许多挫折。他现在失业，对自己很不满意，也对身边的人感到失望。他需要一份工作，这是一切问题的根源。他一天找不到工作，就一天愤恨这个世界。虽然他觉得有权生气，但他也觉得他在这个困境里动弹不得。他对我说，他的人生中没有任何正面的事。没有工作也没有可能的工作机会，他觉得完全没有活力。

在咨询时，我们谈到用简单的行动表现感恩可以带来哪些好处。班恩决定开始写下感谢，感激那些试着动用人脉推介来帮助他的人，让他们知道，虽然此时此刻的他很受煎熬，但知道他们愿意帮助他，对他来说更是意义非凡。隔周他回来时深受鼓舞，因为他写的这些信得到了回复。“我过去从未感受到有任何一件好事会发生在我身上，但我想那是因为我觉得自己不是一个正常人。听到人们对我说一些真心支持我的话，让我觉得自己正常了，他们没有把我当成窝囊废。”他在等待的是一份工作；他无须等待的是，找出发生在他身边的一些好事。他的感激是会活动的部分。

通过连接创造新的中心与终点

到目前为止，在我们这趟把心智拿来和大脑重新对应的旅程中，我们用比较健康的解释和概念换掉了不适当的自动反应模式。把想法当成问题或文字语言，而不要当成宣言，会让你有机会把自己从不太可能是真的但威力强大无比的向下沉沦回旋里拉出来，进入新的可能性与新的机会里。之前提到的各种我们认为可有效控制不适当想法的策略（找出有害的想法、预防这些想法生根、不要随意播下不当的想法种子），是提升生活品质的基本方法，但这只是大格局当中的一半。我们还需要特意地在人生中种下善的种子。

当然，我们想要的不只是消除糟糕的感觉而已，我们更想要感受美好。当我们感受到爱、友情、恻隐之心以及感激时，我们会超越自我，走向新的境界，并让我们共有的人生体验更加深刻。好消息是，你不需要痴痴等着这些经验送上门来让你身心愉悦，你身上就有可以吸引它们过来的工具。不要只是像上一章提过的班恩一样，一直想着你需要人生出现一些大事来改变目前的处境，或让你觉得好过一点，你可以学着特意地来一趟心灵之旅，或者真的用双脚去旅行走到目的地。你越能经常有好的想法，你将会发现自己越能自然而然地往好的方向走。你觉得生活美好，生活确实也很美好。

当你投身生活的这个方面时，你会发现，这会传染。美善通常会传扬千里，开启幸福的感受，让周围的人都能共享。这就像是接力赛一样。虽然有时候我们还是会落入深渊，很难因为他人偶发的善举而感动，但大部分时候，只要一个灿烂的笑容、一个温暖的问候或是一个小手势，都能启动连锁反应，而之后你也会把棒子递下去，温柔地推一推可能需要帮助的人。当你去爱的冲动逐渐消失时，他人的爱的行动可能正在暖身，并且能够与你分享。这就是这个世界自我疗愈的方法。

规模物理学

在你开始行动之前，还有一件事要注意。你的感恩心不一定要来自大事，比方说收到大学入学许可、得到新车、获得新职务或是验孕结果显示为阳性。事实上，感恩之所以具有令人讶异的强大力量，在于它们是根据顺势疗法（homeopathic）的原则运作：小剂量就足以产生大效果。不论糟糕的感觉有多强大，通常你在日常生活最微不足道的片刻里都可以找到一点点的感恩心，比方说陌生人的善意眼光、诚心诚意的致谢或在对话中接触到彼此内心深处，都能立刻在你身体里面每一个分子启动重大改变，让你的系统完全不同，带你走上一条更好的路。

相关的科学

近年来，研究人员开始探索正面情绪的心理益处，发现在日常生活里便能去感知仁慈与感激的人会比较健康也比较快乐，更常体验到正面的好心情，也比较满足。当然，他们也改善了身边人的生活。把焦点转向外界，和你在担忧时会做的事正好完全相反。当你被封锁在焦虑与自责里面，忧虑焦点就只会狭隘地瞄准你自己，但当你敞开胸怀、纳入仁慈心与感恩心时，也就开拓了你的人生观点。研究人员发现，过度把注意力聚焦在自己身上，是引发焦虑与抑郁恶性循环的部分理由，对于曾经花时间去面对恶狠狠不肯放手的自我严格检查的人来说，这没什么好意外的。我们越是自我批评，就感到越焦虑；我们觉得越焦虑，就会更狠狠批评自己。焦点越狭隘，我们容纳喜悦与幸福的地带也就越窄。当占满你心灵的全是你对未来事件的不满或压力，你可能完全看不见周遭他人的需求。

以焦虑会造成的生理伤害来看，利用将注意力放在自己身上以满足自身需求，也不太可能有用。事实上，对心理健康来说，知道如何从自行封闭的圈圈里走出去非常重要，而研究人员用来衡量焦虑症与抑郁症治疗是否成功的指标，就是放在自身上的注意力减少了多少。我们当然不会因为加强对自我的检查而受益。我们很愿意解开这样的桎梏，把镁光灯焦点移到别的地方，不要一直强调我们转个不停的担忧以及永不间断的自我批评，只是我们不知道该怎么办。同理心和慈悲心是我们在这趟旅程中要再往前踏出的另一步。

主动积极的幸福：慈悲心预防了误解

我们了解慈悲心与同理心的作用，还有一个非常有说服力的理由，最常引发焦虑与负面思考且力道最强的原因，就是我们误解了他人对我们怀抱的意图。以想象中的理由解释为何别人要让我们的人生如此悲惨，我们会预期他人将会反对我们，或是被困在一场你来我往的战役中。“如果他对我发脾气怎么办？如果他认为我毁了一切怎么办？她可能很恨我，他以为他比我好，我对他们来说一点都不重要。”之后，在你从地狱走了一遭又回来，带着想象中别人对你抱持的批判或不良意图跑了一圈，你才发现，还好，你是错的，又错了。并没有什么天大的消息，他们没生气也没有想要伤害你，他们确实很在乎，这根本完全是误解。若能发挥同理心，你就能阻断这样的恐惧、愤怒或伤害。从他人的角度来看事情不仅有益于人，更是另一种缩短冤枉路的好方法，让你免去承受不必要的焦虑：你成为更精准的人类行为判读者与诠释者。

不要用内疚战术去看身边的人

对某些人来说，很容易就能感受到正面、有益的情绪，这些根本是每天生活中的一部分。有些人，甚至每一个人在某个时候都一样，都会用和小孩子一样的反射性响应去面对感激这个概念，不仅不可能表达感激，甚至会觉得感激是错的：“我现在痛恨我自己，当我如此匮乏时，我又如何能付出？这不适合我。”如果你有这种感觉，本章就是专门为你而写。感激这个概念听起来可能有点冲突，现在的你已经很低落，你无可付出，甚至连尝试付出都是另一种强调你无能的方法。但看着你自己一直被排拒在人群之外也无任何益处，更何况，现实根本不是这样。

一直以来，我们对于慷慨和感激的理解，都基于内疚和资源有限。一般的说法大概是：“我们应该分享，若不分享，就太可耻了，这是自私，也是剥削其他人。”等等，我们在讲的可不是分享你爸爸那台爱车。没错，分享很重要，但幸运的是，我们也学到了分享应该要让人觉得美好。因此，心存感谢吧！把内疚战术丢掉，从另一道崭新的门走入感激与慷慨的世界：这是一道互惠的大门，是同理心的双赢大门。当负面经验威胁着要拉着你一起向下沉沦时，感激和仁慈通常可以指引一条秘密通道，带你走向光明，把你带到一个更能感觉美好的地方。有时候，在你心存感激时，点燃的光明十分炫目，光华耀眼。

慈悲心和同理心

跨进同理心的大门，意味着你不再问“你为何这么做？”而是说：“你这么做，我真的很希望了解为什么，你能不能告诉我？”你不会再坚持自己是对的，反而能有弹性，去了解一开始和你的观点并不相符的事物。我的小女儿瑞雅四岁时，坚持要把鞋子一只一只排好放在自己的鞋柜隔间外面，而不是放在隔间里面的篮子里；我们每一个人都把鞋子放在里面。我不断地提醒她把鞋子拿开，但这些鞋子最后总是出现在同样的地方。我认为她有点叛逆，或者是有点像是接受我治疗的强迫症孩子，于是我很没有耐性地对她说：“你干什么一直这样做啊！”

她开始大哭，之后解释：“因为我没办法一只一只摆好放在里面，这样的话我会分不出来哪一只是右脚，哪一只是左脚。”虽然她的行为一开始在我看来非常没有道理，但其实是有理的，如果我可以和她易地而处的话（就像是谚语中说的，穿上她的鞋子），我可能有办法自己想出答案。如果你花时间去理解，就会明白大部分的冲突之所以发生，都在于人们做合理的事或因为良善的理由去做某件事，但他人却不了解（或不知道）背后的理由。

我们要了解，当我们来到这个世界时，本来就设定好要与其他人建立关系，这是我们的起点。在生命最初的五个月里，我们最能见证这一点。当宝宝看到你微笑时，也会反射出你的情绪，回给你一个微笑。当然这是一条双向道，宝宝也可以让最乖戾的人笑逐颜开，融化在这种甜美的感受当中。但说到同理心，必须要有两个要件。第一，要去感受别人的感受。第二，则是要判定要如何处理手上的这些数据。你是要接受它，还是和它保持距离，拿到你的放大镜前加以检视？想一想我们在第三章中提到的水龙头，在本章中，我们可以重新设计，变成一个是批评的水龙头，一个是仁慈的水龙头，另一个则是代表不带批判性的观察行动——决定你能否精准理解的关键。

通常，阻碍同理心的是批判。我们可能不喜欢某人做的事，或者就像林肯总统说的，我们不喜欢某些人，但如果我们和对方保持距离，只能确定我们永远没办法去了解他们。喜不喜欢一个人，和我们自己对对方有何想法关系很大，和对方实际上是怎么样的人反而没那么相关。关键在于，要能看到批判和批评背后有些什么。另一个障碍是，你会把同理心和背书搞混。理解对方并不代表你要认同对方，或是要宽恕对方的行动或信念。当我在教导家长要对焦虑或行事冲动的孩子抱持同理心时，有时候他们会迟疑，不愿意付诸实行。他们认为，我说的意思是孩子表现出愤怒发狂都是对的。我是在鼓励孩子这样的行为吗？不是。当你抱持同理心踏进他人的感受领域时，你的立场不会再回到去判断对方观点的价值、对错，你走进了他的立场，试着去看他们做事的方式。

同理心的目的，是要勾起你在基本的立场上认同对方（他跟你有一样的人性）就跟你一样。同理心不是背书，同理心是认同对方可能因为某种理由而感受到他现在体验到的感觉。当你不接受一个人有权存在时，你自己的心中便充满了负面感受。你可能会因此不太愿意接受你自己心中无法接受的想法，你责备自己，并根据一些小缺点来定义自己，而无法接受这些缺点也是人性中的一部分。

同理心可以培养吗

和其他所有事都一样，同理心源于家庭。因此，当你的配偶、小孩甚至你家的小狗让你倍感挫折时，你可以停一停，先不要质疑："他们为什么不用我的方法行事？"你可以想一想他们的观点，试着去理解为什么他们会用他们的方法行事，因为这背后可能有一个很好的理由，但是你还没有看见。这是一个很好的起点。

想要进一步强化你的技能，挪出更多中立的区域，从中设法去感受对他人怀抱的仁慈，你可以看看埃默里大学协作与静坐中心的吉生·罗布桑·内吉（Geshe Lobsang Negi）以及该校身心计划的主持人查尔斯·瑞森（Charies Raisonn）这两位研究人员所做的研究，他们研究慈悲静坐可以带来哪些功效。传统的静坐冥想侧重的是安抚心灵，但慈悲静坐不同，后者是要刺激你跳出自己的舒适区，去联系你认识但不爱，甚至连喜欢都谈不上的人。当研究人员在教授慈悲静坐时，学员每日要做的功课是去感受他们对所爱的人、忽略的人以及不爱的人怀抱的慈悲心。研究发现，投入练习的人比较不会一直紧紧黏着他们所爱的人，同时也比较不会强力拒绝他们不喜欢的人。而且一般来说，他们也比较可能活在当下，并感知到每一个人的存在。慈悲静坐带来的健康益处，变成额外的好处。参与每周两次、为期六周慈悲静坐的学员，他们的压力降低了，在响应压力因子时引起的发炎反应也减少了。

根据我们对杏仁核以及它在规范人类反应时扮演角色的理解，这是很合理的。我们越能训练自己在心中看到更多朋友而不是敌人，交感神经系统就越不需要警戒。战斗或逃跑反应是诱发因素，会让我们感到非常焦虑。

我们很容易就能对处在艰困情境中的朋友或至爱涌起诚心诚意的慈悲怜悯，因为我们了解，我们都在同一条船上，下一次落入这种境地的，可能会是我们自己。但当你在对他发脾气，或是你就是不喜欢这个人时，要对对方涌起慈悲心，就困难多了。但如果你想要能有弹性，这就是你需要去做的事。

想一想有哪些事会导致一个人用让你倍感压力的态度对待你。日常生活中的小压力、童年阴影、社会经济动态以及其他因素等等，都可能影响一个人的行为。当你尽全力去了解之后，看看你是否有不同的感受，包括对对方以及对你自己。

同理心实例

在我尝试用各种方法把同理心概念传达给患者的这些年，有一个小朋友的表现极为适当而且有效，远超过我自己。十岁时，以斯拉过得很辛苦，因为他总是蹦蹦跳跳、躁动不安，也无法安静坐好，一直受到他人否定而且也让别人苦恼，他的姐姐受害最深。我对以斯拉说，他姐姐或许不知道，他的天性就是需要大量的活动。我问以斯拉，他懂不懂我说的天性是什么意思。他说：“天性就是你的灵魂想要你去做的事。因为这是你的灵魂，所以我们要尊重他。我们要尊重彼此的灵魂。”

以斯拉的话直达我的灵魂。在结束治疗时段之后，我马上想到我是怎样批评我的丈夫的。我对他令人讨厌的习惯感到生气，他总是把每一个抽屉、碗橱、盖子或袋子打开，充电器和电话或计算机分离多时，一直插在插座上。他的笔盖总是打开的，总是留下一堆未完待续的想法。当我遵循以斯拉的意见时，我体会到我丈夫的灵魂看重的是创造。他有远见，是一个起头的人，而这是他的灵魂想要做的事。还有，实际上这也是我想要他做的事。根据以斯拉的定义，在我们家，创造的基础建立在我先生的灵魂上。于是，我把充电器拔掉，把抽屉与门关好，让笔和很久不见了的笔盖重逢。而要非常感谢以斯拉的是，我现在可以用亲爱、欣赏而且不带批评的态度来做这些事。

为了你自己，试试看。想一想身边某个人让你受不了的习惯或抱怨，比方说难缠的青春期儿女、总是一团乱的配偶、端坐在每一本你正在读的书上的猫咪。试着把这些小行为看成合理大格局当中的一部分。也许你们家的青少年想要说实话（这是好的特质），但是做得不够好。或许你的配偶不是注重细节的人，但只要碰到重要的事，一定都会支持你。也许你的猫是最忠诚的伴侣，它只是想时时刻刻和你黏在一起。在你根据同理心去做完这些搜寻之后，就算这些让人讨厌的行为对你来说仍是问题，你做的研究工作也并非徒劳无功。怀着慈悲的心情，而不是带着含沙射影的攻击，在你讨论为何要求某个人改变时，一定可以得出较好的结论。

试试这个

练习同理：放开批判，加入慈悲

当有些人和你不一样而且你无法了解他们“为什么”会有这些行为时，请竭尽所能把这当成一个既定条件，认同这些行为对他们来说是对的。激励你自己怀抱着慈悲的态度，去找出适用于他们那个世界的答案，即便你的做事方法不是这样。我们会发现，理解不仅能让你感受到周围更多的美好，通常也是更有意思的做法，好过一开口就要互相攻击的批判模式。

当某人深感痛苦时，想象你是那个人，你会想要什么？你会希望别人如何接近你？

当你碰上争执时，停一下，不要一直把你的观点推销给对方，多倾听，想象一下和你完全相反的观点多有趣、多真实。

感激：给予的力量，以及表达感谢

大部分的感激定义都辜负了简单“谢谢”二字当中蕴含的力量。英文里的感激（gratitude）一词的拉丁字根是gratia，意思是恩典（grace）。当你付出并获得一声诚心诚意的“谢谢”的那一刻，就涌出了无限的恩典。感激让每一个人都觉得美好。

对某些人来说，感激可以招来内在的平静，放开紧张。对某些人来说，感激本身就是可疏导紧张的避雷针。如果我们可以把不愉快的记忆放在一旁，忘记因为不知感激而遭到责备，以及由此衍生出来的羞惭和尴尬，我们就能自由地看见感激无须用尽全身力气挤出来，感激是天生的，无所不在。

当你发现自己在做一件简单的善行，比方说帮忙别人避开泼洒物，或者在事后帮忙清理，或者帮忙迷路的孩子找到爸爸妈妈，你都会觉得很棒。美国国家卫生研究院的研究人员研究了一群自愿受试者的脑部扫描情形，这群受试者正在决定是要把某一笔钱留下来，还是捐给慈善团体。他们发现，抱持利他主义的那一群人会活化大脑某个部分，这个部分通常是在响应食物或性爱时才会发亮的部位。导出将他人的利益放在自身利益之前这个决定的主要干道，就是同理心。当我们把自己和比较不幸的人易地而处时，我们就能做出好选择。但这些研究显示，不论我们知不知道，人会做出这种选择，都是有生物性根源的。

人类会非常积极地去满足饮食和性爱这些基本需求，而且不需要有意识地提醒自己，我们也知道如果能满足这些需求，我们会觉得更美好。这么说吧，电视广告每隔六分半钟就大力放送这些信息。但说到要通过帮助别人而自动感到满足，对人类而言这样做并无益处，因此，我们必须时时提醒自己要这么做。

研究人员发现，心存感激的人能体验到的正面情绪强度较高，比方说愉快、热诚、爱、幸福以及乐观，而且感激之心也可以保护一个人免于嫉妒、愤恨、贪婪及苦涩。加州大学戴维斯分校的罗伯特·艾曼斯（Robert Emmons）以及迈阿密大学的迈克尔·麦卡洛（Michael McCullough）合作，这两位研究人员检视当没有特定宗教背景的人开始养成感恩习惯时会发生什么事。在一项研究中，几百个人分成三群，第一群要记录当天的事件，第二群要记录不愉快的经验，第三群则要列出每天让他们感恩的事。感恩组提到的灵敏度、热诚、果决、乐观以及活力水平都比较高。他们比较没那么忧郁，压力也比较小，而且比较可能帮助他人。

如果在你已经排得满满的日程中不可能再塞进东西，无法每天演练感激，也无须担忧。另一项研究发现，一周感恩一次的人提到的幸福程度，高于每天做记录的人。把感恩变成例行活动、但又不是讨厌的苦差事，将会让一切大为不同。

何时是最佳的感恩时刻？有时候你的眼界太高，你感觉不到有什么事算得上值得感激，一直到肠枯思竭，你还是写不出你在等着的那件好事。你坚持你的感觉就是你真正的感觉。你看到保险杆的贴纸上面写着“及时行乐”，但人生中的大乐事，比方说升迁、破纪录的交易、新房子以及喜获麟儿，少之又少。因此，若能养成过着心怀感激的人生的习惯，珍惜每一个小小的时刻，像是发动了的车子、不会漏水的屋顶、老朋友捎来的信息，都能经常带来幸福感。长期下来，你会越来越不在乎什么才叫作感恩，而会自动地去感受，甚至渴望感恩，因为感恩能为你带来莫大的宁静安详。

哪些事是值得感恩的事？任何答案都是对的，而且这张清单无穷无尽。你读到一本好书，你感恩作者说了一个好故事。你看见了温暖的冬阳，穿过稀疏的树枝闪闪发光。虽然最光辉的日子值得你写下感恩笔记一再强调，但实际上你可能会发现，在很多事接连出错时，感恩最好用；在这些时候，我们特别期待能找到路跳出沮丧与失望的控制。通常，在这些日子里，没有什么比找到地方让你舒口气，并好好表达感激更能带你突破重围。

你付出什么，就得到什么回报

· 促进日常生活流畅运作：温馨地感谢他人，以此作为你每天面对人生的姿态。

· 有人恭维你时，请写下感谢函或电子邮件回复对方。

· 以书面的形式或在心里进行每日或每周的感恩行动。

· 拿一个记事本或开启一个文档，记录让你心生感激的发现。你可以很有诗意，也可以简单写下描述，比方说“一头鹿穿过我家后院”。或者，你也可以写成长篇，描写你在一天内注意到的美好、代表善意的姿态以及敬畏。

· 和家人定下每周或每晚的仪式，寻找有趣的、有意思的、让人感动的以及美好的事物。和其他人分享你的观察。

· 请记住，要培养一项新的习惯约需要三周，因此，就算开始你觉得很费劲，当你经常练习之后，会变得更像你的第二天性。

品尝美善时光

咀嚼焦虑与负面想法会加深它们的影响力，同样地，品尝美善，意指你要通过思考有意义或愉悦的体验而放大它们的效果。用诗人威廉·布莱克（William Blake）的话来说，这表示你要"在每天的生活中找出魔鬼找不到的时刻"。

你可能引颈期盼某个时刻，预计那个时刻将会为你带来极大的愉悦，或伸长脖子回过头去享受过去的美好，也或许你是在事件发生的当下加以评述或安静地享受这一切的美好，借此来提升你的经验质量。

回想一次你觉得感动或快乐的经历，对自己重复所有细节。也许是你在冬末时在户外咖啡厅享用的一顿午餐，那天很幸运地温度达到七十华氏度（约二十一摄氏度）。回想一下空气里捎来春天最初消息的感觉，树木准备要冒新芽了，厚重的外套和一层层的衣服都脱了下来，在冬日里晒太阳。请注意当你进入轻松呼吸模式时流过身体的那股轻松。

想象一下，如果你经常在心里做做这样的小旅行，那会怎么样？或许每个星期一次或每天一次，当你在办公桌旁花十分钟吞掉午餐时，你就可以试试看。就像任何新的养生方法一样，这一开始看起来也很费力，但不管你是选择自然品尝美好时光，或者把这项练习和现有的习惯连在一起，比方说洗碗和遛狗，你越是投入这些旅程，它们就会越快变成毫不费力就能自动到达的终点。

品尝：先借来享受与意义

想象一下，如果你每天或每个星期都做品尝练习。这样做保证每年可以为你创造几十种美好体验，这些都是你若没有做练习便不会有的体验，而你正是让这一切付诸实践的人。心理学家佛瑞德·布莱恩（Fred Bryant）以及乔瑟夫·佛瑞福（Joseph Veroff）说到三种可以让美好时刻效益加乘的品尝方法。

· 预期的：预先想一想你期待的事件，先把当中蕴藏的兴奋快乐借来用。开始想象当你见到那些人以及参与那些活动时会涌起哪些正面感受。

· 当下的：退一步来看你现在正在做的事，欣赏现在正在发生的事，比如虽然有些混乱，但家庭聚餐气氛甚佳。品尝混乱当中的活力。

· 缅怀的：回头去看过去的正面事件，让你的心回到你曾经很享受的那一刻，以及那个经验当中。

戒除焦虑实例

在办理离婚手续之前，彼得及南恩都困在对彼此的粗野对待、痛苦冲突当中。即便只是坐在同一个房间，在我办公室里坐在面对面的沙发上，都嗅得出火药味。虽然如此，他们还是一起过来做咨询，因为即便他们觉得受彼此伤害甚深，但他们也知道，带着这些显而易见的伤口进入各自的全新生命里，只会把孩子扯进来，造成伤害。他们希望我能帮忙，但是他们无法想象如何平静分手。他们非常在乎孩子，而他们只有在想到对方是父母时，才可能对彼此表现出慷慨与感激。

我请他们各自说出自己欣赏什么，乐于见到自己的孩子从对方身上得到他们自己无法给的。练习开始时，别扭的气氛让大家都笑了，很快地，别扭不见了，其他的感受涌了出来。南恩可以对彼得说，她非常欣赏他愿意天马行空，和孩子一起发明许多自发性的冒险，建造碉堡、创作行星以及挖掘雪洞。她喜欢他拓展他们的世界以及他们感受到的可能性。彼得知道，孩子永远都可以仰赖妈妈，妈妈总是知道他们需要什么，而且除非他注意到了某件事，否则他的情绪雷达总是无法调整到适当状态，但是他的孩子有一个永远都可以满足这些情绪需求的母亲，明白这一点，让他松了一口气。他们对孩子的爱让此刻的他们聚到一起，他们同意，会试着维护对方而不要伤害对方，让他们扮演好各自的角色，给孩子一个完整的人生。

品尝：先借来享受与意义

寻找美善

当没有人陪你演对手戏时，你如何能创造美好感受？感恩日志的概念，出自《感恩：成功花朵的种子》（*Thanks*）作者罗特·埃蒙斯（Robert Emmons）的研究室，很快地就传到了奥普拉以及她的观众耳中。感恩日志可以是任何形式，从在日志上草草写下的概念，到每周几次的晚餐用餐仪式，都包含在内，我有个朋友有一位感恩伙伴，就像笔友一样，对方承诺一周要用短信或电子邮件发送她的感恩列表数次。如果有其他人一起参与，你更可能成功。

这张清单包括感恩其他人替你做的事、感恩其他展现了他们本来的模样、感谢生活中的生活必需品（食物和住处、亲爱的家人），最后一定要把你自己放进清单里面。感恩你对本周的美善经验有所贡献，也是一件很重要的事。

第四篇

多向理解，终身成长

你期待的宁静也期待着你。

——盖伊·芬利(Guy Finley)

不要改变主题

在第九章中，我们看到你对感觉的反应如何替你增添障碍，妨碍你管理感觉。坚持以负面感觉来对待感觉（我不应该有这种感觉）会让你绕一大圈，也会让你改变主题。这会变出另一条新的路。你不会再去想同事是不是真的要伤害你以及你要怎么去补救，反之，你焦急地试着不要去感受到这么多伤害，或者因为你现在非常痛恨他而惩罚自己，或者担心下一次见到他时你会怎样。等等，如何补救这个和同事相处的情境，这个真正的议题跑到哪里去了？在感觉逃窜而你努力去压制感觉的同时，这个议题就不见了。你要识别这个错误，尽快扭转乾坤，先处理手边的事务，而不是任充满焦虑的评论带着你不知往何处去。

本书的重点在于如何跳脱恐惧。这些恐惧阻碍了你继续过实质的人生，不让你勇敢地打开大门看清楚外面发生了什么事，不让你发现你可以管理你找到的东西。在接下来两章里，你将会学到，当你不喜欢最初的结果时会发生什么事，以及如何把你原本对人生无可避免障碍挫折的想法换掉，换成比较健康的选择。首先，我们要先应付普遍存在的无可避免的感觉，如愤怒、嫉妒、损失与羞愧。接着，我们要检视你可以怎样去思考完美主义、因循苟且、失败以及其他的人为情境。

如果你知道要去何处寻找平静，在半路上与它会合，平静就会越快找到你。当你愤怒时（祝你烂在地狱里，仇人！），一开始你以为自己已经找到让你平静之处，通常并不是能寻得持续安适自在的地方。通过转念、贴近检视，你的终点将会不同。你会换掉有害的最初反应，转用比较平静的反应，如“我们并没有去了解彼此，且让我们想办法，看看要如何才能成功”。你越快设定好导航系统走向这个终点，也就能越快抵达。

如果此时的你并没有碰见别的难题，你可以先略过这个部分，但请你记在心里，当你发现自己困在负面感受或负面情境当中时，就可以回到你做注记的地方。这一篇将会帮助你了解感觉、期望与环境的综合，也会提供一幅蓝图，让你找到你的出口。

13.用不同的思维去理解愤怒、嫉妒与羞愧

愤怒：传达需要改变之处的火爆信差

解剖愤怒：粗鲁野蛮之人（暂时）凌驾了智者

这是一大挑战：当你明白你生气时，一切都太迟了。如果说焦虑的速度很快，那愤怒甚至是快上加快。而且不是只有“发脾气”的人才会感受到不快。有些人会比其他人善于压抑愤怒，但每个人偶尔会陷入已经存在于内心里的激动、苦涩、愤怒当中。不管你面对的是亲近的人还是你永远不会再见的人，你都可能会因为对方涌起愤怒。许多场合会让你觉得愤怒，比方说，你的女婿不喜欢你特地为他烹煮的餐点，你常去的干洗店里的职员信誓旦旦说他没收到你的西装，那是你打算明天面试要穿的衣服，或者你的主管严厉批评你过去六个月来努力做出来的提案，而且一副这没什么大不了的态度。你的认知交换机同时涌进几百万个信息，所有的信息都简化成某种版本的：是可忍孰不可忍，你一定要付出代价。你虽然很理性，但有些部分的你仍会大喊要战斗，一直到只剩下一个人为止，那个人就是你。

发生什么事了？你的杏仁核说话了。身体最初的高速反应说：“攻击！捍卫自己！”但也大喊：“控制一下，不要害自己出丑，你已经完全失控了。”你不想再继续，因为愤怒失控的景象让你感到恐惧。这些不同的信息越是督促你采取行动，你越是分裂、不知所措，而这又引得杏仁核施展更大的威力给你更多保

护。你越感到激动，你就越困惑。四面的墙一直挤进来，但你也不想躲避，因为你唯一确定的是，这里确实有个问题。

造成瓶颈的想法

如果我们可以针对全世界的人做调查，找出我们对别人发怒的理由，不管是手足争执、夫妻冲突或职场里的歧见，一定都可以归于以下三个原因之一：

1.其他人“应该知道”你想要什么，当他们不知道时，你就生气了。

2.你做事的方式是对的。当别人显然做错事时，你就生气了。

3.当人们做错事时，他们有责任去补救，把事情做对，而且是现在就要去做。

欢迎来到愤怒的世界

你要如何掌握完全不按理性出牌的那部分自己？要能控制愤怒，有一个很重要的步骤可为你的感受重贴标签。你要有方法可以快速重新调整、重新架构你的反应强度，回到像你在愤怒来袭之前的水平。说穿了，你也不想见血。替愤怒重贴标签或标志，能把你这个人和那种兽性的反应区分开来，帮助你用更快的速度和更高级的能力搭上线。

在儿童动画电影《马达加斯加》里，一群会说话、被城市宠坏了的动物从纽约中央公园动物园逃跑，逃到一个小岛上，他们在那里发现了一些和自己相关的意外之事。在野外，狮子亚历克斯回归野性，开始不把它亲爱的朋友当成忠实可靠的毛茸茸的动物，而是一块块美味多汁的肉排。动物天性让亚历克斯竟充满活力又感到害怕。

我们喜欢认定自己是文明有教养的人，但当愤怒袭来时，即便是我们深爱的人，看起来也像是俎上肉。忽然，我们面露杀气，随时准备咬人。当我和成人患者分享这个故事，告诉他们要重新替愤怒贴上标签，这样一来，他们把全世界看成肉排的兽性时刻就会变成过眼烟云，他们全都松了一口气，可以把自己拉开来，远离快要变成野兽的感觉。我们把别人看成肉排，不代表我们就会咬下去。这只是凸显我们的人性。第一步的重贴标签，是愤怒管理中最重要的一步，因为我们可以借此拿掉我们感受到的强烈生理反应，这些反应代表的是“瞄准并射击”的行动有多重要或多合情合理。在愤怒之时，我们自己以及我们的生理反应，都不可信赖。

一旦你可以停下来，冷却你的喷射系统，找回你的沉着，坐回你的椅子上，然后舒一口气，接下来呢？不管你是试着在会议室还是餐桌上解决问题，下一步的重点都是要建构与沟通。出现误解或歧义时，就会引起愤怒。如果这些情况可以适当地化解，那会是怎么样的局面？

在误解与歧义之外，可能有很重要的事项，需要你重新去检核你自己的清单。以后你就不必针对这件事再起争执了，因为你之前已经拟定了一套计划。不要去瞧冲突的黑暗深渊，要知道有桥梁可以带你通向理想之地。你的目标是改变认知重新解读之前发生的事，从威胁转变成误解，最终要再变成促进彼此更加了解的机会。

更好的想法

要能忍一时之气，最好的办法就是要察觉到造成瓶颈的假设，并用比较准确的替代方案取而代之。

1.在他人“攻击”的背后，是希望你能理解。

2.你可以选择要如何认知与选择。

3.你的目标永远都是要让事情更圆满。

彩排你的新理解

当有人说你错了的时候，这话听起来会让你觉得此人大胆无耻、不可饶恕且无可救药。有时候，以上这些用词确实描述了那个情境，有时候却只是描述了你的感觉。不管是哪一种，都只会让肾上腺素流窜，既不能帮你找回冷静沉着，也无法有效地支持你或说出你的心声。在此时此刻过了之后，另一面（记住这样的时刻有另外一面是非常重要的）是你将会解决这些事，或者你将会继续向前迈进。你现在有的感觉是暂时的，提醒自己这一点，那会开始把你胸口的灼烧以及喉头的刺痛带出去，你会开始感觉到你又拿回主控权了。

具体行事：这是故意的吗

当你知道你并没有遭受严重威胁，不像你一开始想的那样，你就可以关掉杏仁核。你最初的结论是：她故意在派对上羞辱我，提到我丈夫好赌的问题。这个结论会让你暴怒。有没有可能，她就是一个笨拙不得体的人，或者她还以为她是在做一件好事，因为你们这一群里面就有人也在和别的瘾头搏斗？了解原因，并不会妨碍你直接向对方把话讲明，让他们知道自己的所作所为让你觉得糟透了。但一旦你可以放开恶意的假设（这有可能是真的，也有可能不是），你就能站在比较实在的立场上去谈你的经验。你会变成这方面的专家。

谁要负责善后

你有权觉得愤怒，与别人有责任替你补救是不同的两件事，要分清楚。你越是坚持要得到一个道歉，就算这个要求很合理，你能够掌握的东西就越少，因为你正在等一件你无法让它发生的事。与其干等，不如你把行动和对方这个人区分开来，这样就可以选择宽恕或放手，明白让你难过的是对方的所作所为，而不是那个人。你可以变成灵活的那个部分，并说出这样的话。通常，当我们用这种方法降低利害关系之后，对方也比较能够过来道歉。小孩不喜欢被迫道歉，大人也是。

你还可以用哪些观点来看情境？可灵活运用的部分是什么？你的期望是什么？对方有哪些行为？用公平的眼光看看不同的选项。谁可以改变，哪些事可以改变？

找到最佳做法：如果没有坏人，那会怎样

找凶手会缩小你的视野，同时也阻碍你的创意与弹性。严以待人的态度会传染。不要急着在心里列出罪魁祸首清单，先想一想你的目标，那个更好的自己要追求的目标：理解、继续向前迈进。借由这种方法，问题就变了。你不再想着：他怎么可以这样对我？我永远也不会原谅他这么做！而是会想：我要告诉他我有多生气。或许他并不知道。我们通常不会故意去伤害彼此，我们要如何一起去把问题找出来？如果你努力把事情带回到完整与理解的情境中，那会是什么样？

与最好的彼此对谈

即便是最成熟的成人，都可能会因为愤怒而用心胸狭窄、毫无理性的态度行事，而我们会在事后对此追悔不已。当我们任由愤怒有什么说什么时，它通常会对普遍的部分说最普遍的话。我们说出的这些话，都会以某种形式再回到我们身上。有什么替代方案？让你们两边聚到一起。把发言权交给你最好的自我，想象在和他人的最好自我对话，而你说的话可能是：“我想没有人乐见事情变成这样。我们认为我们两个都可以做得更好，而且我们也都愿意去做。且让我们试试看。”

开展动员：问问你想要什么

提出明确的请求：不管我们面对的情境是什么，大部分时候，双赢都是大家最想见到的结果。把你长裤打折的折痕烫坏的干洗店不希望看到悲惨的客户，你也不希望自己看起来很不高兴。当你提出请求时，要使用预设可以达成双赢局面及确认对方善意的说法。“这对我们双方来说都不好看，对吧？我明天还有会要开，我们可以做什么，让我们两边都能解决问题？”

愿意把你一开始会做的事情放到后面

发怒时，我们最想做的第一件事，就是发泄或要求道歉，而且除非我们能得到满足，否则说什么都不肯退让。如果你能有弹性，不按次序做事，你可能会先提出开放式的说法，如“发生什么事了”或者“我们两人都不好过，先让我们来谈谈这件事”。如果你多几分钟耐性，愿意让对方先回答，他们很可能会用平静来回报你。他们不仅会用之前从不曾试过的方式道歉，甚至还可能从你身上得到安全感，并学到处理冲突的新方法。重点在于互相倾听。

戒除焦虑实例

珍一直都觉得压力很大。不管是工作上碰到的人、她的朋友，或是最重要的，她相恋三年的男友，全都让她倍感压力。珍和麦克都很认真看待对方，但他们经常争吵。珍在一个防御心很重的家庭里成长，每一个人都只顾自己。争吵一定会有一个人赢，另一个就觉得自己像笨蛋，怒气比吵架之前更强烈。麦克则来自一个不鼓励争论的家庭，即便双方并不是真的为了什么重要的事而争论也一样。珍知道，她用快速发作、激烈的反应来面对愤怒，这是一个大问题，这一点让麦克深感困惑，因为他觉得自己遭受了无情的攻击。珍不仅得不到她想要的（她的重点越来越偏向于不是要“赢”，而是希望被理解），但她觉得自己很幼稚而且失控，仿佛是在对麦克施暴。但她不知道她还能怎么办。

对珍来说，改变愤怒的意义非常重要。对她而言，最困难的部分是她要能想到她可以，或者应该要有弹性这个想法，即便有可能真的是对方的错时也一样。我们谈到“得不偿失的胜利”（希腊王子皮洛士在公元前三世纪与罗马对战，虽获胜利，但自己也损失惨重，后引申为得不偿失的胜利）这个概念，你用尽全力想要赢，但实际上你是输了；而我们也提到她可以针对自己的愤怒做出许多比较有效果的选择。珍的改变是，她明白了至少在亲密关系中，她可以去信任对方，这个人有兴趣听她抱怨并试着补救，而且是出于爱而非出于恐惧或羞愧。这和她脑袋里的模式很不一样，原本的模式告诉她一定要在口头上重炮抨击对方，一直到他们能醒悟自己的所作所为有多可恶为止。否则的话，他们根本不在乎，也不会想办法解决。她把最佳做法运用到极致，从不同的观点看这个情境；因此，她不走愤怒的大门，而是改去想沟通的大门、增进亲密的大门，并用其他许多方法来看这件事。当她明白解决事情可以带来的好处时，她开始安抚自己想要反唇相讥的冲动。

彩排你的新台词

· 我不想做这件事，你呢？

· 我们要如何补救，让我们双方都可以接受？

· 我希望我们能一起来做这件事，你觉得呢？

· 我不知要如何补救，但我知道这件事让我很不舒服，你愿意和我一起把事情做好吗？

羡慕与嫉妒：把力量从已经离开的人身上拿回来

解剖嫉妒：自找的伤口

“他为什么可以得到红色的车子？那部车是我想要的。”一个完全不接受安抚的孩子这样大叫。他在心里已经决定了一件事，但现在他得不到。他什么都没得到？呃，也不是啦，除了这个之外，他什么都有了。我们都曾经目睹这样一幕，不管是小孩版或是长大之后的复刻版。我们会想协助小孩看清楚，如果他们能按下“重设按键”改变心意，他们就能拿回其他被父母没收的东西。同样地，当我们涌起嫉妒之情时，这也是我们自己需要做的事。奇妙的是，当你按下正确的按键时，你的心还真的可以重设。而且当你这样做时，你会发现你想要的那部“红色车子”再也不是重点了。如果你判定你还是想要，你可以设法替自己把东西拿回来。你越是放弃武断的衡量与比较，你就越能回到自己的正轨。你越少从后照镜中去看别人有什么，你就越能聚焦在对你而言对的事上面。

造成瓶颈的想法

· 你的痛苦是别人引起的。

· 得到让你心生嫉妒的东西，是解除你痛苦的唯一方法。

· 只有当对方不再拥有让你心生嫉妒的东西时，才能解除你的痛苦。

· 无法得到让你嫉妒的东西，反映出你的整体自我价值低落。

新的理解：真正挡住你去路的人是谁

嫉妒是最终极的“全有与全无”思维。别人什么都有，而你什么都没有。可以适当地认知自我价值的人，或许不像自信与自尊不足的人那么经常饱受嫉妒折磨，但是没有人能免掉偶尔被这只怪兽咬一口。嫉妒会让你承受两段式的攻击。第一段来自无法拥有你想要的东西，或是无法成为你想成为的人而涌起的悲伤、失落与无能感，之后你会对让你嫉妒的人生气，仿佛就是他们造成你的痛苦。你不仅吝于赞美他们的好运，你还会认定他们这些人及他们的成就变成了你的阻碍，让你更添愤恨。这就是嫉妒造成的瓶颈。你带着愤怒和愤恨把时间浪费在他人身上，不断问着“为什么他们能拥有这些好东西”。但此时，事实上你是唯一挡住自己去路的人。你在这个地方待得越久，相信自己通往成功的路已经被先踏上这条路的人给堵住了，就会让自己的悲惨持续得越久（并且在这里浪费时间，而没有去追求你想要的）。这样的误解变成了你自己的路障。你越快能在不针对他人之下表达你的挫折，就能越快找到问题核心：你对自己有何感受。

嫉妒可能触发一连串你对自己的负面想法。你不仅会看到你没有的那件东西或你为了什么而难过，你还开始摧毁和这相关的一切。要面对嫉妒，具体形式是最重要的步骤。嫉妒很容易扩散，因此，你需要问：在这当中，哪一部分真和你有关？你需要学到的是什么？你真的想要去追求让你心生嫉妒的那个东西，还是你需要继续向前迈进？或者，从不同角度来看，你也许可以从月薪较高、教出循规蹈矩的孩子，或者拥有幸福婚姻的那些人身上学点东西？你能不能公正地看见事实，看出这些人或许知道一些你不知道的秘诀，而你能不能试着了解他们如何有这些成就，看看其中有没有你能用在自己人生上面的宝贵教训？忽然，嫉妒的死胡同变成了通往学习的道路。

比较好的想法

- 别人没有故意要让你难过。
- 没有人挡你的路。
- 是你自己决定你想要追求什么，或者哪些东西对你而言是有意义的。

· 你可以从那些拥有你想要的东西的人身上学习。

可以用来克服嫉妒的策略

具体行事：真正失去的是什么

如果你觉得自己的人生少了什么，但你在别人的人生里看见你想要的，不要悲叹，请具体指出来。那是某种成就，还是他们的生活态度？仿效是最极致的讨好奉承。你在坚守你自己本来模样的同时，可以去看看是否想要仿效这个部分，比方说他们的工作方式、他们的慷慨，或者是你很想试试看也把头发剪成像他们那样可爱的发型。

对你自己而言的真实自我

停下来，想一想。他人的人生中让你垂涎的东西，真的是你想要的吗？或者这些东西只是表面上看起来让人很想要而已？如果那对你来说真的很重要，请再许下承诺，全心投入去完成。如果不是，请重新聚焦于你在自己人生中要追求的东西。

变得越多，越是相同

通常，我们深信如果我们得到那件东西，或者做成那件事，我们就会快乐。但快乐水车（hedonic treadmill）理论认为，人类很快就会适应人生中的正面与负面改变，回到我们的幸福基线。换言之，不管是赚到更多钱或是得到一辆新车，甚至是你努力的成果受人盛赞，这些事带来的满足感期限可能都极短。有鉴于此，请认真思考让你心生嫉妒的东西实际上如何能改变你的人生。有哪些事情是你现在没有做，但你认为如果你得到想要的东西你就可以去做的事？看看清单上有没有任何东西不用取决于环境改变，然后现在就投身去做。比方说，你真希望能像同事一样成功减重，因为她现在可以更努力去打扮自己，获得更多人的赞美。请想一想：你的体重确实会影响你对自己外在的评估吗？如果你想的话，你为何不能开始更加注重外表？

具体行事

彩排你的台词

· 这对我来说有多重要？请区分出你想要这个东西有多少是因为嫉妒，又有多少是你不希望看到对方拥有？

· 如果真的得到了，实际上会有什么差异？问问自己得到这个东西或这份认同对你而言最重要的是什么，以及你如果真的得到了又会怎么样？

· 除了得到你想要的东西之外，有没有其他的方法可以满足你的目标？

· 你有没有在哪些方面已经有进展，朝向你的目标迈进？

· 得到这件东西或这份认同对于你达到目标来说有多重要？

· 这件事长期来说很重要，还是只有短期效果？

· 你希望这种感觉维持多久？

· 在嫉妒感的另一面，或者说，当你放开嫉妒之后，你会有什么感觉？

更贴近源头

嫉妒拉开我们和他人之间的距离，加深我们的疏离感和无能感。直接和那些你敬而远之的人联系，拉近彼此距离。他们实际上也只是人而已，跟你一样。与其把这些人理想化，或者反过来，去蔑视他们，你何不恭维他们，或至少多了解他们一些？你很可能会发现，他们跟你一样，有些共通的难题和不安全感。

戒除焦虑实例

赛斯花很多时间对他哥哥乔伊发脾气。他们小时候还可以相处，那时起码可以靠打架解决问题。赛斯体格上比哥哥强壮，他总是赢。但现在两个人都三十多岁了，过去的感觉仍继续存在。每一次家庭聚会（至少是那些他无法躲避的场合），赛斯觉得乔伊老爱炫耀自己借此批评弟弟，赛斯会因为没办法阻止他而生气。当赛斯也试着夸耀自己时，他甚至变得更生气了。赛斯会带着一肚子火回自己家，把每个人都看成肉排。他睡不着，他的思绪会飞到他对哥哥和对自己的愤怒循环上，他觉得自己很无能，因为他无法捍卫自己。

接受治疗时，赛斯理解到他不是真的想要哥哥拥有的东西因此嫉妒他，他很乐于做他自己。他的无能感并非全面性的，而且在生活中面对其他情境时，他也不觉得低人一等。他的嫉妒，只发生在乔伊的作风得到家人关注这个脉络之下，这些是赛斯自己不会尝试去做的事。一开始这件事让赛斯备感挫折，但后来他体会到这实际上是一个好消息。敞开大门看清自己的嫉妒之后，赛斯领悟了，如果他不会用哥哥的方式去争取注意，那他何必嫉妒？他真的想要哥哥拥有的东西吗？他真的需要这么吝啬，完全不愿关心哥哥，或者他可以用不同的方式表现？他不需要贬低自己也能融入家庭聚会。这就是他做的选择。

赛斯明白了，他的愤恨是从孩提时代就一直带过来的。事实上，他甚至可以享受哥哥充满娱乐性、有魅力的表演风格，这和他自己的作风非常不同。通过这种方式，他可以和乔伊建立关系，而不用自绝于外或干脆消失不见。放开嫉妒也让赛斯愿意参加更多家庭活动。他已经不再竞争或努力试着不去竞争，他只想做自己。

羞愧：让自己从没完没了的句子中解脱出来

解剖羞愧：这是很个人的

我们都认识羞愧。对有些人来说，它庞大的身影隐隐逼近，让人痛苦，还用又粗又黑的字体标示着“你的羞愧”。那可能是我们试着隐藏的阅读障碍、到现在还在纠缠我们的暴食症鬼魂、我们正在克服的酒瘾、和蟑螂共处恐惧、要交房租之前就先搬家的贫困童年，或者我们被看不见灵魂的人玩弄于股掌而承受的创痛。对其他人来说，他们比较熟悉的则是一般性的羞愧。我们可能在对话时说了太多，写了一封让我们后悔不已的愤怒电子邮件，在办公室派对上释出善意之后却遭人拒绝。这些不同经验的相同之处，不只是我们对自己的所作所为觉得很糟，更让我们觉得自己这个人很糟。因此，为了先发制人，与其等着别人躲开我们，与其提心吊胆等着看他人脸上的轻蔑，我们选择先藏起来。

有害的羞愧会造成的问题是，我们身上有一股力量要我们藏起来，这股力量造成的伤害，比一开始触发羞愧的事情还要严重，它会让我们不断退缩。我们收起自己的双翼，让自己可以站在某一个小角落。这是一种可理解的短期策略，一旦隐藏变成默认模式，这个模式就会接手你的人生，引发更多问题。不论原本的触发点确实是严重的问题，还是比较多的是你自觉遭到羞辱，你都判定了你这个人是不可接受的，而且就此定谳。躲藏，阻断你去寻找、探索与分析。而这些正是可以突破羞愧、把你从枷锁当中释放出来的过程。你呆呆地等着。害怕被发现的恐惧让你的焦虑火上加油，负面思考则把这个羞愧的大洞越挖越深、越挖越大。你觉得自己绝对等不到刑满出狱，你觉得自己完全不属于能为人所接受的这一群。羞愧的重点不在单一事物上，每一件和你有关的事都遭到污染了。你要如何扭转乾坤？

造成瓶颈的想法

· 我的一切都很糟糕、被糟蹋了，而且不可接受。

· 我有错。

· 我什么都做不了。

· 我被搁在一旁。

· 某个人必须把我从这里释放出去，但他们永远都不会这么做。

新的理解：你能把自己从羞愧当中释放出来

带着羞愧时，你就是始作俑者，把自己打入不为人所接受的那一群，但你等着某个人或某件事能把你带回去。找到最佳做法是应付羞愧的关键行动。羞愧限制了你的观点，因此你需要大胆地寻找观点，你要从你充满恻隐之心的自我开始。

羞愧的特色是，在你最脆弱的时候，不论你是他人导致的受害者或是环境导致的受害者，你都觉得自己深陷其中。你很确定自己有错，你自己就是问题所在。有些人相信他们的长期缺陷就是这样来的。你被锁进非常小的牢房里，这里只有关于你的秘密，矛盾的是，这里却让你觉得你和自己非常疏离。当你把眼光放远、寻找能把你从这些感觉当中解脱出来的事物时，你并不明白你一直都握着钥匙，因此，你会觉得羞愧恒常存在且难以应付。

比较好的想法

· 过去发生的事影响了我，但不能定义我这个人。

· 这不是我，这只是发生过的事。

· 我可以着重在这件事如何伤害我，而我也认同我用来克服伤害的个人优点。

· 这些不完全属于我，或许根本完全不属于我。

· 我要去找出来哪些属于我，哪些不是。

过去的事已经过去，未来则掌握在我们手上

没错，过去的已经过去了，不管这件让你羞愧的事是你自己想的，还是不容置疑的不当行为，你都改变不了了。但为什么要让这些恶事一圈又一圈地缠绕着你的成长？现在与未来，可以是一片开阔。

让自己从中解脱，有一部分是要让自己不再自责，原谅自己也是个人，原谅自己不知道该做什么。另一部分是要做到不再责备他人。虽然要做到这一点似乎有点难，甚至是错的，但带着你的愤怒去对待别人，只会让你有更多事要忙。因此，原谅是你给自己的礼物。你不用宽恕别人的行为，但你也不用成为最后被愤怒压垮的那个人。

让你自己离开羞愧的小牢笼，重新写下故事

重贴标签：觉得很糟不代表你就应该羞愧

“我觉得没有人接受我，而这正是羞愧会造成的后果。”羞愧让我们觉得自己被糟蹋了，这是一种感觉，而非事实。你在这件事发生之前会觉得自己一文不值吗？把你自己的长期价值和发生过的特定行动或侮辱分开来？什么是暂时的，什么又是永久的？

具体行事：不要拿不属于你的东西

当你的羞愧经验是来自和他人的互动，你需要把属于你的东

西和属于他人的东西分开。如果某人在某些方面让你觉得受屈辱或被贬低，那是他的问题。你能撑过那个时刻，并让你自己回过神来感受到羞愧之后再释放自己，这个完整的你属于你。

找到最佳做法：写下之后的篇章

带着羞愧，你觉得动弹不得，等着有人把你从糟糕的感受中拉出来，可能会因此觉得自己没了未来，至少是没有好的未来。让你自己通过宽恕之声来想象这个故事。如果你宽恕自己或者宽恕造成你羞愧的那个人，你会做什么？如果你已经原谅了，你在现在的人生当中会做些什么事？根据这些新的想法，你会采取哪些小行动步骤？

质疑羞愧的权威

不要害怕提问："这和我这个人有什么关系？"如果没有受到质疑，羞愧会让你自惭形秽，贬低你并用不同的颜色涂抹你整个人。当你开始提问及检视时，你可以开始看到灰色的阴影。有些部分的我受到羞愧的影响，有些则否。有时我以自贬的角度来看自己，有时则否。

谁在评判我们

一定要用某些不知名、脸孔模糊的严厉批评者来检验自己吗？随随便便找的路人甲会不会实际上更切中核心？你不需要最无情、最不相干的人来了解你。也许只需要你了解自己就好了。

原谅：你给自己的礼物

如果别人伤害了你，你可以坚持认为你有权愤怒，并想着原谅代表了发生过的事其实没那么可怕。但事实并非如此。原谅是一份你给自己最重要的礼物，你让自己可以放下对另一个人发怒的沉重负担。原谅发挥作用最重要的地方，就在你心里。你也可以放开自责，不再为了不是你的错而怪自己。原谅不是让你知道你可以控制一切，而是让你去相信这件事。

展开动员：若能实行“假若”，你便自由了

你可以释放自己，不再执着于你是可憎的或不如人的这个想法。研究羞愧的人员发现，你可以去相信你有选择，你不用自外于他人，借此和无法控制的感觉战斗。你还是可以参与，不管参与代表的是你再回到“脸书”上或办公室的茶水间，或者和更高级的力量对谈，都无妨。这些时刻，不管是一点一滴或进展快速，你将会看到你可以做自己，而且这样做绝对不会发生坏事。因此，这些经验可以把你温柔地包覆起来，也可以变成内心深处的宝藏，让你去体恤并了解他人与自己，最后这将会让你建立起有益的关系。

全心享受你撑过去了这件事

当你在克服羞愧、重新认识自己时，不管你是暂时离开人生几小时或几十年，你都会发现你被别人搁在一旁了。现在你有选择，可以开启全新的世界。很多人可能做不到像《卡拉马佐夫兄弟》里面的二哥伊万如此沉醉于生存，可以在黑暗中看见微

光，但把这看成一个选项，对你会很有帮助。听听生命的巨人如丹尼尔·戈特里布博士（Dr.Daniel Gottlieb）怎么说。他是一位在美国公共电台任职的心理学家，三十三岁时经历了一场几乎致命的车祸，当时他在高速公路上开着车，一辆卡车的轮子飞了出来，致使他胸部以下从此瘫痪。丹尼尔在自己心中培养出勇气并和众人分享，许多人都从中受益。他教导他的听众与读者，当你接受我们没什么输不起的这个概念之后，人生可以变得多丰富。

在他的著作《用心活》（*Learning from the Heart*）当中，丹尼尔说了一个故事，他到一位女士的病榻前采访，她患有癌症正在和死神搏斗，想要分享她为死亡预做准备的经验。在狭窄的医院病房里录音时，丹尼尔却开始听到水滴下来的声音，他担心录音时也会一并录进去。在追查滴水声来源时，他发现那是来自自己的导尿管，当他和制作人一起挤在受访者的床头时，这位制作人不慎拉开了他的导尿管。丹尼尔感受到最黑暗时刻的机会来了，他抓紧这个机会建立关系，而不愿撤退。

“珍，我痛恨要在此时此刻跟你提这件事，但我想我刚刚尿了你一地。”珍不断向丹尼尔保证没事，告诉他不要因此觉得难堪。丹尼尔把这个开场白更往前推一步，他说：“既然我很尴尬而你一点都不，那我们可不可以说，你做到了，而我没做到？”他们三人都笑了，而珍也优雅地同意了。当护理师进来时，丹尼尔说：“珍办到了！”大家都笑了，一直到他们流下泪来。解除羞愧的药方就是建立连接。亲密重新导引了可能的羞愧时刻，带来了更深刻的连接。知道即使是最糟糕的现实中也藏有建立关系的机会，可以帮助你去找寻机会，并在找到时大力拥抱机会。

克服羞愧：重新建立更完整的连接

如果你了解羞愧是受到他人对你抱持的错误看法时的自然反应，你就可以开始区分出一些东西。首先，请谨记，对方用扭曲了的镜头创造出的景象，这幅景象可能和你这个人无关。问题可能在于他们也通过同样的镜头看自己，但这个问题要等到稍后再说。一旦你修正扭曲，你就可以重新调整你对自己的认知。羞愧是面对事件的膝跳反射，但和你这个人没有关系。你不要把羞愧变成你内在的一部分，你可以在你自己面前把羞愧掏出来，大声和对方说："我认为这是你的，而不是我的。"

试试这个

下一次当你觉得强烈的感受朝你过来时，试着不要逃避这股浪潮，反之，你可以改变这幅景象。想象这种感觉之所以出现，在于你需要它告诉你的人生到底发生了什么事。试着去说明这幅景象："我觉得愤怒、悲伤、羞愧，现在就是这样。这没有关系。我可以有这种感觉，并经历这种感觉。这是暂时的。"欢迎这个机会，明白你越快让感觉进入你，它会越早交付信息，让你获得更充分的信息并做好更齐全的准备，带着你对人生的透彻理解去行事。

戒除焦虑实例

塔莎的问题不在她的容貌。她是一位大美女，三十多岁，有着一头秀丽的红发以及充满女人味的身材。问题在于她脑子里对于自身外表的想法。她初中与高中时代都体重过重，她也为此付出代价，受尽同学刻薄讽刺。但造成她最大伤害的，是她生活中那些极尽批评之能事的成人，他们的言辞和担忧的表情让她受不了。她被父母洗脑，认为自己曲线毕露的身体是过重的象征，绝对无法吸引男孩子，塔莎因此觉得自己必须藏起来。她总是穿着大尺码的衣服，因为她觉得这是她需要的。她很难得才有约会，而且她真的非常害怕遭人拒绝或被人讨厌，因此她保持距离。某种程度上，有鉴于她对自己更实际的看法，她知道这样做毫无道理，但这些感觉就是挥之不去。

基本上，有问题的是塔莎的外表还是她整个自我？或者，实际上的问题是在于父母对她产生的焦虑？微妙的是，即便塔莎很瘦的时候，她父母的批评还是一样。这个时候，羞愧应该算是谁的？在打开大门检视羞愧时，塔莎非常同情过去那个无人可以倾诉的小女孩。现在长大了，塔莎可以挺身捍卫这个小女孩。她希望这个青春版的自己，以及现状版的自己都能了解：“这跟你无关，你没有问题。”

重新替情境贴上标签，认定这是父母处理焦虑失当，塔莎开始努力用不同的方式来了解自己。她现在的具体议题不是体重，而是脑袋里和体重有关的信息。因此她开始把这些信息修正得更准确一些。她请来一个小组，包括她的好友、妹妹和我，当旧的想法又浮上心头时，由我们在她心里替她提供建议。她问问自己，如果她扫除这些历史换上新的经验，她现在会做什么，答案回到——她会去约会。她开始约会了。

你自己以及其他人

在你和其他人的快速互动中，会发生很多事。当我们随口问：“你好吗？”时，在极罕见的情况下，我们会得到除了“很好”之外的真实答案，此时会让人觉得出其不意、不知所措。如果能更了解自己的情绪如何运作，你就能处在更优势的地位，耐心对待那些在痛苦感受或情境中挣扎的人。但除了耐心之外，你也可以扮演引导角色，协助他们去做为了克服困难必须做的事。

你可以成为一个孤独的声音，请他们更深入体验这种感觉以便撑过来，而不要成为提供空泛建议的一般人，说着“撑过来就好”这种话。虽然深入体验这种话还是要看时机说，但重点是这样的建议并不是鼓励他们沉迷在感觉中。这是要鼓励对方不要躲避他们的感受，而要勇敢面对，针对伤害、嫉妒或羞愧提出难以回答的问题，比方说：“在这场情绪的纠结中，有什么是能让我更了解自己的信息。”为彼此指出替代路径，就像发现可以通往目的地的后巷小路：每一个当地人都知道，但你在地图上就是找不到。

14. 为了未来的成功而拥抱失败的现在

信仰是即便当你无法看清楚整座楼梯时也要踏出第一步。

——马丁·路德·金

你如何成长：了解哪些过程支持成长与扩张

想要开始新的尝试？是；否；嗯，或许再等一等。任何新尝试衍生出来的不确定性，可能是一份新关系、一份学期报告、开始成家、承担照料年迈父母的责任，或是第一天到健身房报到，这些都会引起焦虑和负面思考。怀疑冲了进来，它大声说：会成功吗？有什么事会出错？我该不该做？事情感觉起来还不到很棒的状态。等一等，等焦虑过去。即便是正面的事情，我们也会想：为什么我现在不觉得快乐？为什么事情到现在还没有让人觉得很棒？

这种事再正常不过了，但我们会假设怀疑和恐惧代表我们的计划本身有问题，而不只是时间规划有问题而已。这些怀疑是流程的一部分，被拌进最终能让我们成长的那一锅大杂烩里。当我们动手展开新计划时，我们需要加入了解与接纳的元素，接受既存的现实：错误、失败、批评、改变，对，还有得过且过和完美主义。以金博士的话来说，当我们看不清楚楼梯的其他部分时，也要能安心地踏出第一步。没有所谓错误的行动，只有信息充不充分的问题，而且一切行动都有助于我们最后的进步。

只有在我们不了解时，完美主义、失败、得过且过以及批评才会变成魔鬼。在本章中，我们将要深入探究日常生活中常见的瓶颈，并学着如何突破。

得过且过和逃避：你可以跑，但你躲不了

你越是逃避痛苦，人生就越痛苦

纳森坐进自己的小隔间玩起游戏，借此逃避大怪兽：主管预期要看到的月报。每个月，同样的戏码都要上演一次。他答应主管会努力编制报表，但总是在前一天熬夜，挤出必要的三小时草草完成工作。

佐拉希望在隔了这么久之后能重新开始约会，但她越是想着这件事，就变得越焦虑，而且好几个月一事无成。因为全无进度，她得出一个结论，认为反正也没有人要跟她约会，所以努力根本没用。

古塞瑞每天晚上都很难整理好东西然后下班走人。晚归见不到孩子让他觉得很内疚，但是他又预见到回家从吃晚饭到上床之间这段时间的压力，因此虽然他乐于回家和孩子做伴，也总是希望自己能早点回到家就好了，但他还是一直黏在办公椅上。

我们许愿，我们希望，我们期待我们要动手去做的事会完美无缺，而且毫无痛苦。但当你准备好去写美国史上最伟大的一部小说时，你带着一杯滚烫的咖啡坐上椅子，没几分钟之后，你发现屏幕仍是无情且毫不让步的一片空白。于是你放弃这艘船，跳上“得过且过号”，这艘船答应你给你各式各样的消遣：在“脸

书”上找到失散的高中好友、拿着不用的牙刷刷你的计算机键盘，以及拼命看《办公室》（*The Office*）影集的回放。但有些东西不见了。当你知道你在躲着什么时，娱乐也无法让你分心。

听起来很熟悉吗？你并不是唯一会这样做的人。得过且过会蔓生，而且不断长大。加拿大商学教授皮尔斯·斯蒂尔（Piers Steel）是研究动机与拖延这个领域里最顶尖的研究人员之一，他看出“拖到明天再做”的经验是人性的中心，他甚至还大胆地说这是一种基本的冲动。从1978年到2002年，承认自己得过且过的人的比例高了四倍。当然，这会是恶性循环。时间一分一秒过去，你越是想逃避，你的恐惧感就越深，担心发生可怕后果的概率越来越高。

你并不是命中注定一定得得过且过不可。你确实想有些作为。大脑里有些中心部位是专门用来感受完成的感觉，当我们把事情做完、涌起一阵满足感时，这个部分就会闪闪发亮。你需要跳出自己的障碍，让你脑袋里的这些部分更常发光发亮。

新的理解与方向

很多时候，助长得过且过行为的，是我们对事情应该如何进展抱持严格的想法，这些想法会困住我们，因此我们开始逃。想象一下当你痛苦地卡在游乐园门口准备进入，但除非他们把后方的栅栏拉起来，否则你绝对动弹不得。对于显然没有退路的事，我们并不想全心投入，开始动手去做。但，等等，如果我们把整个框架拉回现实，我们知道，现实世界里有出口，而且也有选择，我们并未受困，除非我们在心里困住自己。完美主义和得过且过是异卵双胞胎，看起来不一样，但是永远手拉手。你的想法越是倾向于完美主义，认定事情必须顺利成功，你越是想要拖延，远离你给自己找来的可怕任务。而你拖得越久，你认为事情应该越完美，毕竟你多花了这么多的时间去做这事，不是吗？错。我的答案是，你要把完美主义和得过且过放在一旁，去了解成长是怎么一回事。你越是认为任何成长过程中都会有迟疑和错误，这些都是可容许的，而且是绝对可以撑过去的，你就越不需要找掩护躲避这些事情。不管你要躲避的是研究论文或是一整个洗碗槽里的碗盘，上述的论点都成立。迟疑代表的不是问题，它代表的是这个人。

你或许觉得自己是唯一老是分心的懒惰鬼，但得过且过是无孔不入的。早些年，你还没有这么多渠道去浪费时间，但现在有“脸书”、推特和谷歌，为你提供大量的娱乐。你知道拖延耽搁会影响你的人生，但你也不想要逼着自己赶快把事情做完，缩短你耗在拖延上面的时间。这让我们人类变成一种很糟糕的物种。

造成瓶颈的想法

· 一定要很完美。

· 我一定要知道如何马上去做这件事。

· 从一开始就一定要很顺利。

· 我不知道要从哪里开始，因此我没办法开始。

· 这很麻烦，我等一下再做。

比较好的想法

·完美并不存在，就算很接近开始去做，你没有真正行动，仍不算个起头。

·我无法马上知道会走到什么地步，这是一个过程。

·我需要开始做就好，这可以让我知道接下来要怎么做。

·如果我不知道要从哪里开始，我就从中间开始做。

·从小处思考，如果我做完一些事，我会觉得比什么都没做来得好。

找到项目的入口与出口

有一位设计师曾经来过我家，她的评论是这个房子的出入口没办法一目了然。车道直接通往房子的侧门，在中途会出现不明显的岔路，可以往右或往左通往前门或后门。这样的设计让人困惑，因此让人觉得讨厌。设计师说，如果没有清楚标示出路径，大家会不知道如何走到前门。一旦她点出问题，一切都再明显也不过了。

不知道如何开始做新计划的模糊地带，通常就是让我们想要逃脱的理由，不想让自己去蹚这一池浑水。如果找不到项目的入口，我们就不能开动。车道可以修正，标示出路径就好，而一旦你找到任何项目的入口，也可以帮助你修正拖延的问题。模糊不清，是得过且过里的毒药。

策略一：创造入口或找来上面写着“欢迎光临”的地垫

在你坐下来工作之前，把你会用到的东西带好，打开你的公文包，摊开你的报告纸，削尖铅笔，然后离开一下子。当你再回来时，你的环境就像是个人助理打点好一切，准备让你惊喜一下一般。你的工作台在等着你，你也不会再卡在“哦，我居然连公文包都没有打开”这个点上。

策略二：从中间开始

有些项目必须按照一定次序，但大部分都没有规则可循。在从事创意性工作时，比方说写作、绘画、作曲或脑力激荡时，如果你坚持一定要以最出色的点子开场，通常很难办到。相反地，你可以着重在实质的重点上：你最在乎的，就是灵感和点子。一旦你在中间找到实质的东西，你就利用回溯法，再回到开始的地方，针对你找到的部分建立一套架构，因为现在你已经知道你会走到哪个地方去了。

策略三：三分钟法

你想要克服空白的纸张或屏幕，或者想挪个时间把忙过头的人生整理成一份待办事项列表吗？给自己三分钟做脑力激荡，写下你的想法或需求，不用写出完整的句子。利用这种方法可以绕过你自己内心的批评，直接去做重要的事。一旦你把想法草草写在纸上或电脑里，你就可以强调或圈出你喜欢的项目，并排出次序，如此一来，你在三分钟之内就从拖拖拉拉走到了开场。如果你需要额外的助力，你可以问问自己，你会如何对一个总是对你所做的事很感兴趣的朋友谈起你的计划，而不要去想你会怎么对主管或老爱批判的人说。

策略四：动手做，做什么都可以

营造团队盖房子时若碰到下雨，不会干坐在那里等雨停。项目的某个部分可能因雨受阻，但你总有别的事可以做，把项目再往前推进一些。因此，如果你没有源源不绝的灵感，想不出广告活动要怎么办，你可以先找到会动的部分：多研究研究产品，编辑你手上已经有的资料，或者找一找你会用到的图片。谁知道呢？当你做完其他工作时，你可能就有了你需要的概念，可以处理僵住的部分。

策略五：不要闪躲，好好看一看

通常，我们会逃避是因为我们认为某件事太困难了，同时，我们又没做足功课，无法了解这件事其实比我们想的简单多了。所以，勇往直前吧！打开信封或电子邮件，看看同事想要你做什么，不要光是想象里面有些什么内容。打电话给别人推介来的客户，或者在线针对你的推介客户做点研究。在你开始用想象出绊脚石之前，先偷偷瞄一瞄，再决定是不是需要自己阻碍自己。你不需要全心投入去做什么事，先看一看就好，但很有可能一旦你走出了这第一步，你将会发现自己已经在做更多事了。将初步研究的时限设定为十五分钟是很有用的做法，这样你才不会觉得太过头了。然后你可以决定接下来要做什么。

策略六：标明出口策略／争取休息时间

如果你是有计划去做，而不是让你的焦虑或逃避发号施令，检查电子邮件或吃点小点心其实是很好的活动。标明你在休息之前想要达成的最适时间目标或工作进度，这样做会给你动机，当你处于休息时，也会让你觉得有成就感。

策略七：不要完结专案：留一点给明天

如果一大早迎接你的是空白的纸张或是一大张的白画布，连最出色的那些人可能都会有点害怕，因此，不要在你工作时间结束时把所有的事都做完，留一点小工作，以待续的形式画下句点。这样做可以留下一份过渡性的活动或是一个入口，让你隔天可以马上开始。留点未做完的事可以给你动力，在你一开始下一次的工作时就能触及脑部的中性满足中心。

当我在写作本书时，发现与其把目标设定为每一次工作时都要做完一个段落，不如故意差不多但又没完全做完某件事，我比较不会拖延。我会借由做完之前留下的待完成任务来开始做新的工作，我已经很清楚这件事要怎么做了。之后，利用这股满足感作为跳板，我已经准备好向前迈进，踏出下一步。利用这种做法，我不用每一次都冷冰冰地开始，这就好像我做好了热身操才揭开一天的序幕一样。特意留下一点小事并不是“拖到明天再做”，相反地，是策略性地开启一个入口，让你马上就可以开始做你的例行公事。在开始工作之初就能体验到完成的感觉，有助于你继续向前发展。

完美与合理的够好

当我结束一天忙碌的看诊时，我翻着邮件，发现有一张建筑公司寄来的明信片，卡片上是一间浴室，架子上放着卷得很漂亮的毛巾、沐浴乳罐和香水瓶，摆得整整齐齐。标题写着：“如果一切能各就各位，人生不是更美好吗？”不！他们有没有问过心理学家啊？让毛巾维持现有状态、不要乱丢在架子上，这股压力是非常大的！但“完美”的拨弄，是我们每一个人都能了解的诱惑。就像其他的诱惑一样，你必须站稳立场去做判断：这对我来说真的好吗？

我想到我的朋友安妮塔，她是个四十多岁的妈妈，有三个孩子。她对我吐露秘密，说她害怕自己会毁了孩子的人生，因为她只要看到一张纸或一个盘子放错了地方就会焦虑，也会让她非常愤怒。她痛恨把这样的愤怒放在孩子的幸福前面，但让她的生活变得“一团乱”，也是件不可容忍的事。这是第一个线索，指向她抱持着会造成瓶颈的完美主义想法：任何不完美的东西，都是劣质品。

泰莎是一位年轻律师，对工作抱持完美主义，导致她必须服用制酸剂胃药以及安眠药。工作上的每一个方面、每一封电子邮件或是每一通电话，她都用最严格的标准处理，就像她在准备法庭辩论一样。这种高水平的注意力当然无法长久维持下去，当办公室里的合伙人看到这位前途似锦的律师出现黑眼圈，他们也不鼓励她做到这种地步。许多完美主义者并不想成为完美主义者，但是他们也不敢放手，因为他们害怕，一旦不是完美主义者，就变成庸才、懒鬼或失败者。

表面上，完美听起来像是奖励。但如果稍微探一探令人炫目的光辉之下有些什么，你会很快就发现这是一个陷阱，而且也不可能达成完美。紧抓住要达到完美这个目标（完美本身是一个无法加强、无法持久的静态状态），必然会让你自己陷入经常性的易怒与沮丧，而且在大部分情况下，受影响的不会只有你。因此，完美主义会带来无须成本的分红，让你和周边的人分享完美主义带来的悲惨。看一看《今日心理学》（*Psychology Today*）杂志的编辑哈拉·埃斯特洛夫·马拉诺（Hara Estroff Marano）是怎么说的：“你可以说完美主义是违反人性的罪行。适应性是让人类这种生物活下来的特性；如果说完美主义有什么用，那就是它让行为僵化。当快速变动的世界比过去更要求人要具备高弹性，并能自在地和模糊不清共处时，完美主义却箍住了我们。它把人类变成成功的奴隶。”请注意，她说的可不是变成成功的故事。

完美主义的矛盾

饱受完美主义折磨的人确实很痛苦。但想一想，完美主义其实是很讽刺的，因为这会阻碍他们最好的发挥。这些人不只会因为要达到完美而太过认真，以至于错过期限，工作质量本身更往往会因完美主义而受到影响。心理学家发现，运动员越是把焦点放在要表现完美上面，就越是无法达成。

解剖完美主义

完美主义是一套“全有或全无”的二元系统，当完美主义者认为一件事不够完美时，他们就会认为它很平庸，甚至很糟糕。折磨完美主义者的并非对卓越的追求，而是他们无法容忍错误。他们不会把错误看成改善与整合的机会，而是解读成完全的失败和没了章法，也会因此怀疑过去的一切成就。史密斯学院心理学家兰德·弗罗斯特（Randy Frost）写道，针对这些比较不完美的经验，完美主义者认为这是无能或毫无价值的感受。当利害关系重大时，完美者通常会连试都不试。完美主义者从来不觉得案子做完了，因为当他们放手时，批评就开始了。有时候，强化这种心态的是过去父母亲的期待。这类父母会用明显或暗地的批评点出错误以表达期望，而且着重的是成果，而非过程。为什么完美主义者常常没有生产力、错过期限、退学辍学或严重失败？如果他们找不到达成完美的方法，也无法接受替代方案，于是就选择退出。完美主义者有一种感觉，那就是他们和下一次的成就一样出色，因此，他们这些人和他们的悲惨境况让他们变成很糟糕的朋友，尤其是对他们自己来说。

完美主义的第二个层面，是把每一件事看成同样重要，而且极为重要。当我在对小病人说明这点时，我会问，当一位知名的主厨做了花生酱三明治时，这算是杰作，还是这就只是花生酱三明治？我们没办法把每一件事做到可以放在博物馆里收藏，事实上，我们很少能做到这种水平。转向追求卓越，是修正完美主义的第一步。第二步是要能设定项目或是项目不同部分的优先顺序。

造成瓶颈的想法

· 完美确实存在，如果我努力一点或多花一点时间，绝对可以达到完美。

· 比完美差一点的事物不仅不可接受，更代表这个人懒惰或无能。

· 成功的人绝对不曾失败。

· 一切都同样重要，我所做的一切都必须完美。

通向新理解的快捷方式：伴随着不完美活下去

策略一：提高你对过程与成长的容忍度

离开完美主义与得过且过倾向的一个出口，是去欣赏“发展”，并和“过程”这个概念成为好友。本质上，不管是宝宝或是大树，一开始都很小。万物会逐渐长成复杂，但走向复杂这一路上的每一个不完美步骤，都是一个阶段。当他们不完美，或者还没长成时，你绝对不会将这些步骤判断为失败的行动。项目的规模较小，但道理并无二致。在还是成堆的食材或建材时，蛋糕和房子一开始也不太像样，但最后也超越了很多可能性。

在日本文化里，认为不完美同样散发着美学的光彩，一如西方理想的完美之美。在日本，不完美显露的是个人特性，是自然的过程，也提供了建立连接的通道。在传统日本茶道中，茶通常装在有裂缝的杯子里，裂缝朝向宾客，因为错误与不完美正标示了茶道之美与创造的时刻，让这个杯子不同于其他任何杯子。你不用聚焦在错误上，但你也不应该因此将这个杯子视为无用或不美之物。不要将有点畸形的手工饼干或有点磨损的美丽枕头判别为必须补救的东西，你可以试着再多看一眼，把这些不完美当成人生的独特印记。

比较好的想法

· 当我想着要做到完美时，我就没有把焦点放在我正在做的事情上。

· 如果我在过程中批判自己，将会拖慢我的进度。

· 我要为了卓越而努力，而非完美。

· 当我允许自我期许中有一些弹性时，我会更喜欢自己，也能把事情做得更好。

策略二：设定规模与优先级

完美主义的问题是，每一个小细节在你心中的权重都相同，从踢脚板到你在检核表中的签名，从裤子上的折痕到你在工作上发表的报告，全一视同仁。你要决定什么东西值得你在今天投入最多关注。重新想一想生活中的小细节，看看这指的是不是你的碗盘一定要每天洗，厨房一定要每天清理。当你看着那些未完成

（而且不重要）的细节时不要觉得失落或鄙视，你要因为知道你能把这些小事放掉去做更多重要的大事而觉得美好，比方说你去参加儿子的足球赛、去拜访妈妈，甚至是去骑一趟你非常需要、让你得以保持神志清醒的单车之旅。

策略三：重贴标签：批评者并不是最了解一切的人

你要花一点时间才能在你心里把批评者变成不重要的人，但你随时可以把麦克风关掉。当你想着这不完美，本来可以更好的，这还不够好，此时请把这些声音想成由机器播放的坏掉录音带，完全不管现在是什么情况就自顾自重复播放。想象一下你按下暂停键或把录音带关掉。重贴标签并重新思考，你不用听任批评者审核你的工作，你只要用不带批判的态度去描述你做了什么即可。

策略四：建立可能性小组

如果你的模式已经默认成完美主义，你会因为经常咨询其他人而获益。列出一群值得信赖的人，不管是你想象中或真有其人皆可，你可以请他们提供意见。小组中的成员之一或许可以是你深富同情心的自我，这个人知道你力追求完美对你而言是非常不人道的行为，因为这会让你无法认可自己的成就。另一位小组成员或许是一个月后的你，当你从未来看今天的你时，你会更清楚完美主义本身以及相关的部分都不重要，久了根本没人记得。

策略五：这样可以创造出不同局面的差异吗

与其埋头苦干，不断地精修琢磨，你不如试着从你现在正在做的事情当中抬起头，想一想做这件事是否善用了宝贵的时间。对任何除了你之外的人来说，你投入的心力会对质量或结果造成任何可分辨的差异吗？如果答案为否，除了你之外没有别人注意到，那就大胆行事，大声说："做完了。"把真正的结果和你想象中的大灾难拿来做比较。

策略六：敢于走开

激励自己走开，把你觉得"没做完"的东西留下来，并且预期你会觉得不自在。随着时间过去，你对于无可避免会袭来的不适感就会逐渐没那么敏感。你的大脑将会学着传达"都做完了"的信息，但在此之前，你要知道，你能在事情还没有达到十全十美时就走开，那代表你出色地破除了完美主义的陋习。

策略七：强调好的部分与过程

检视你的项目、人生、孩子或是任何接受审核的目标，找出当中任何好的，甚至是很出色的部分。利用第二章中的"有些酱料罐"，跳过错误或沮丧，看看有些部分（而且，可能是很多部分）如何顺利成功或继续推展。大声说出这些好的部分，或者也可以写下来。你要不时去看看计算机档案或多用点心去注意到好的部分，因为若非如此，你无法长久记住美好之事。

策略八：重新思考何谓"浪费时间"

完美主义很轻易就变成工作狂，两者接合得天衣无缝，每一寸空间都可以用来修正、从事、改善。请记住，可长可久的人生代表你必须能欣赏保持平衡的必要性。让自己多花点时间在没有日程安排、不注重生产力甚至是放轻松的活动上。先从小处开始，就像意大利人说的，慢慢培养出对"il dojce far niente"（意大利文，无所事事的美好）的真心欣赏，爱上无所事事的美好。

基于人生无常，要求每一件事都要完全做对，这根本是引发灾难的配方。你可以让自己从完美主义中解脱，无须降低标准，只要降低你认定犯错会引起的利害关系并改变犯错的意义即可。

为了找到未来的成功而拥抱现在的错误与失败

快问快答，请说出20世纪60年代被唱片公司以吉他音乐“正在没落”为理由拒绝的摇滚乐团。对了，这些可怜的英国大男孩就是后来大家都知道的披头士。

哪一本书因为出版社说名言集不好卖而总共被退了一百四十次？畅销书《心灵鸡汤》。

谁发明了电饭煲（这是他的第一项产品），但因为把饭煮焦而仅卖出一百台？是盛田昭夫，他是一家年营收六百六十亿美元企业的所有人，这家公司叫索尼。

哪一位科学家到了四岁才会说话，被人认定他绝对成不了大事？爱因斯坦。

谁因为缺乏技巧而被中学篮球校队踢出来？迈克尔·乔丹（Michael Jordan），他是史上最伟大的篮球运动员。

这个世界充满着这些“有名的失败”，即便有这些前例，我们还是紧抓一个成功概念，认为人只要出了第一次的小错，就算不上伟大。

我们如何理解成功？多数人忽略了会有高低起伏，反而认定成功就是快速崛起、平步青云。小孩会说：“他能成为明星，是因为他幸运。”大人也会说：“他交上好运，他认识重要人士，他本来就是天才，他拥有魔法加持的人生。”我们该以应有的尊重去看待任何我们认定拥有魔法加持人生的人，去读他们的回忆录，尽力去了解他们的人生并非轻易得来。

成功建立在努力工作与机会的基础上，从失败以及我们咬牙撑过困境当中习得。但我们用高于应有程度的严厉来看待自己的失败，因为当我们逐一检视比对时，我们不切实际地想着，不应该发生失败和失望这些事。当你遭遇这些问题，你认为一定是你这个人或你做的事有什么地方错了。不要把失望和失败的时刻当成是路的尽头，我们要把它们当成一段曲折迂回的路途，或是一小段的慢跑时光，最后都会把我们带到更美好的境界，那是我们若没有经历过这一切就到不了的地方。

解剖失败：输就决定了一切

温斯顿·丘吉尔名言，告诉我们成功的意义是要能“从一次失败到另一次失败仍不减热忱”。成功的人都知道，若不想失去热忱，就要预期失败是过程中的一部分。通常，我们用非常狭隘的观点来看成功目标，就好像要做到能在针尖上保持平衡才算数。如果你错过一个点，你就算错过一切。而你设定的标靶越狭窄，你失误的机会就越大。接下来会发生的事就是，用这种逻辑来思考的人会觉得自己把筹码全部都摊出来了，如果无法成功，他们就全盘皆输。失败会盖过、否定他们这些人，以及他们之前拥有的任何成就。出路是什么？我们之前学过了：重点不在于你的想法是什么，而在于你接下来做了什么。我们也要培养这样的心态：重点不在于失败，而在于你接下来做了什么。

造成瓶颈的想法

· 失败代表你早就应该知道会失败。

· 失败代表你根本不应该去尝试。

· 失败代表你是窝囊废。

· 成功者永不失败。

· 从失败当中绝对得不到任何东西。

更好的想法

· 大部分有能力、有成就的人每天都犯错。

· 当事情的发展不如之前规划时，我们从中学到最多。

· 如果我这么害怕犯错误或失败，这将会阻碍我去追寻新的目标。

· 错误是人生的一部分，我不要过度解读错误，赋予错误不该有的意义。

· 我可能还不知道应该如何去处理这件事，但这并不表示这是一件坏事。

戒除焦虑实例

一般说来，珍妮很享受自己的建筑师工作。这是她大学毕业后的第二份工作，她对自己的设计和概念更有信心了。每个周末她都加班，创作她心里的“完美”设计。但在每周一的员工大会上，当首席设计师快速地打断她（至少，珍妮觉得是针对她）时，她都会遭受打击。她想着，这些很完美！一周又一周，一个月又一个月，她会在家里鼓起勇气，想着就是这个星期，她的作品会成为主管眼中的完美。但她每次都垂头丧气地离开会议室。到底是什么问题造成这个局面？是珍妮的作品，还是她的期待？

我问珍妮：“主管的回馈意见有用吗？”其实一直没有从这方面去想过。单纯的事实是，她遭到批评，这让她自觉像个笨蛋。我们考虑把批评重贴标签，不要把批评当成拒绝或者对她的作品没有信心，而是看成合作或是指导的过程，不仅有助于强化项目，让客户受惠，也直接促成珍妮的作品有进步。从另一个角度来看，我请珍妮想一想，如果今天她是有权的人，她会如何处理这样的情境。她会踌躇不前，还是会认为她的职责是要介入其中，设法让成果更美好？在明白自己虽然不会像主管这么笨拙粗心，但也会做类似的事之后，帮助珍妮看清楚这是一个机会，锻炼她的技能并让她以坚强的态度面对回馈意见。她的新做法是在周一进办公室时先想一想主管会否定哪些东西，这让她觉得轻松一点，不太觉得批评是针对她个人，她也比较能把批评的重点放在“这份”作品上，而不是“她的”作品。

丽贝卡这一辈子都在躲避风险。然而，在中学时代曾被多位不太体贴且显然吹毛求疵的老师击溃，她发现，她上了大学也很难把事情做好，因为她总是预期会出现如排山倒海般的反驳意见。丽贝卡的转折点，是她在绘画课上第一次参加团体评论时。绘画是她的新兴趣，让她觉得可以脱离传统的学术课程喘口气。当教授四处走动、讨论每一位学生的作品时，丽贝卡明白了：批评是本来就会有的。就是这个时候她懂了：她有她的角色，老师也有老师的职责。

试试这个

享受这趟旅程并善用被搁置了好一阵子的暂时性礼物

你要知道自己踏上了什么旅程。我们希望事情完美，我们希望每一个人都爱我们所做的一切。我们都不想失败。没错。但如果没有出现这些结果，你要明白你并未因此一落千丈，你只是还在学习曲线上面。你不会永远都感受到现在的感觉。你现在了解的，不会是你明天、一个星期或一个月之后的理解。要信任过程。请记住，事情都会变，而且，如果你不要用自己的恐惧挡路，它们改变的速度会更快，而且变得更好。我们要消除学习承受的污名，学习没什么好丢脸的。

在上大学之前，我一直不了解“我不懂”这句话是值得尊重的。我们虽然身处注重成功的文化当中，但你可以去创造次文化，悠然其中。因此，在家中、职场、和朋友相处时，或是在学校里，我们可以觉得不知道也很安全，而学习和尝试更是好事。从今天就开始这么做。请在包裹里找一找有哪些好东西，这些东西或许没有用闪闪发光的礼物盒子包好，没有缎带装饰。

你可以自问：“为什么我的进度这么慢？我有什么问题？这个项目有什么问题？”这份被搁了一阵子的礼物会带我们坐进视线甚佳的前排座位，看到事情豁然开朗，顿悟的“啊哈”时刻涌现。

你自己以及其他人

注意一下你如何批评指教别人。有些人很生气自己陷入一团糟的窘境，于是以批评别人发泄怒气，仿佛别人早该知道他的想法就是这样，但他在乎的根本只是他自己。想要提出好的批评建议，秘诀在于不要把重点放在“错误”上面，而是去谈对方还没有学到的某些事。让我们以慈悲怜悯的心情互相帮助，彼此分享知识，而不要把不懂判断成弱点。分享回馈意见的最佳做法是什么？想一想，如果你面对的是来自不同文化的人，你不会假设对方应该或是已经知道这里的人怎么做事，那你会怎么提你的回馈意见？强化效果的三明治结构可以助你一臂之力：先提正面的部分，接下来，夹进你想要传达的“肉片”，也就是回馈意见，最后，再加上其他的正面说明做总结。

跋 为了大家好，请永远戒除焦虑

人生中无可惧怕，只需去了解。

——居里夫人

焦虑，这个活灵活现的煽动者，以自我保护之名让我们夜不成眠、冷汗直流而且胃痛如绞。说戒除焦虑，实际上是什么意思？我们在之前各章中已经看到了，焦虑与害怕都是对不确定时刻的最初反应，戒除焦虑意味着我们要去期待会出现这些感受，并接受它们。另外还有更深远的意义。戒除焦虑，不是要你马上阻止以每小时百公里速度朝你飞奔过来的感觉，而是要改变你和这些想法之间的关系，并了解你不需要受制于它们。它们只是一个你心里涌现的想法，你可以摆脱它们。我们有选择，可以不用跳进去一起搅和，被它们牵着鼻子绕远路。我们可以让它们就这样子过去。

当你明白是你主宰自己的思考与感受时，你就可以凭借着这一点悠游四海，不受限制。你会开始看清楚人生并非障碍，而是机会，而且，你也会用真实且对你最好的方式来描述人生的经验。借由更清楚地区分出你听到的跟你听进去的东西，你可以学着花更多时间与焦点在好的想法上面，检视你想象中最好的部分可得出哪些心得，而不是去看你害怕的最糟糕状况。

你可以选择继续走原路，更深入探进焦虑与痛苦的领域，或者你也可以重贴标签，把最初的反应当成是故事的第一幕。之后你可以尽快峰回路转，走另一条不同的路。就像居里夫人说的，我们可以选择恐惧或理解。真正的理解自我，是要做到你能创造一个不受恐惧限制的人生。如此一来，你才能去想象如何发展成长、蓬勃壮大。

如果你还没有做好准备面对正在发生的事，也不知道应该怎么做，此时却已经陷入感觉当中，这些时刻实际上都是让你迈向成长的桥梁。这里面蕴藏着一个最有力的理由，说明你为何应该戒除焦虑。远离焦虑不只在于让你免于在大灾难的情境当中来回奔波，从制高点来看，你会看出你的思维可以把你带往哪些可能性。甚至，可以带你走进某个超凡入圣之地。

致谢

我很幸运，能在一个由心理健康专业人士组成的杰出社群里工作。感谢各位心理学家、小儿科医师、精神病学家、校方人员，尤其要感谢我在儿童与成人强迫症与焦虑症中心（The Children and Adult Center for OCD and Anxiety）的同仁，是他们让我的工作收获满满。我非常感谢许多同业提供的杰出研究成果，这一群人都全心奉献，致力于改善他人的生活质量。我的书架上放满了他们鼓舞人心的著作。有些人我从未见过，有些人则直接提供协助，鼓励我或慷慨地允许我在本书中分享他们的研究成果。每一个人我都至为感激，但要特别感谢艾伦·贝克、朱迪·贝克（Judith Beck）、菲利普·肯德尔、里克·汉森（Rick Hanson）及丹尼尔·平克；特别感谢无人可比的泰瑞丝·博查德（Therese Borchard），谢谢她让我写出一篇后来变成这本书的论文。还要感谢我亲爱的朋友丹尼尔·戈特里布，感谢他所做的一切，一如以往。

从我写的每本书中，我发现有两股潜在的相反强劲力量速度越来越快：有越来越大的压力推着我们，要我们去找出答案以面对这个复杂且不确定的世界，而我们对解决方案的定义也有改变，将可长可久的幸福列为优先。我希望本书的想法可以激励你，去找出这条路上的交叉点。